U0624132

教育的本来与未来

汤勇 —— 著

长江出版传媒 | 长江文艺出版社

图书在版编目（CIP）数据

教育的本来与未来 / 汤勇著. -- 武汉 ： 长江文艺
出版社，2024. 11. --（大教育书系）. -- ISBN 978-7
-5702-3811-8

Ⅰ．G632.0

中国国家版本馆 CIP 数据核字第 2024YX1106 号

教育的本来与未来
JIAOYU DE BENLAI YU WEILAI

责任编辑：秦文苑　　　　　　　　责任校对：毛季慧
封面设计：璞茜设计　　　　　　　责任印制：邱　莉　王光兴

出版：长江出版传媒 ｜ 长江文艺出版社
地址：武汉市雄楚大街 268 号　　　邮编：430070
发行：长江文艺出版社
http://www.cjlap.com
印刷：武汉中科兴业印务有限公司

开本：710 毫米×970 毫米　　1/16　　印张：16.5　　插页：15 页
版次：2024 年 11 月第 1 版　　2024 年 11 月第 1 次印刷
字数：218 千字

定价：49.80 元

版权所有，盗版必究（举报电话：027—87679308　　87679310）
（图书出现印装问题，本社负责调换）

自 序

教育：越未来，越本来

记得去年筹办四川省绵阳市游仙区乡村教育现场会暨"书香校园建设及教师阅读"高峰论坛，我们会务组一行来到绵阳富乐国际学校，因为大会会场准备设在这里。

富乐国际学校是一所集幼儿园、特色小学、精品初中、卓越高中为一体的民办学校。王云东当时是绵阳富乐国际学校总校的副校长、小学部校长——现在已调任绵阳市游仙区富乐实验小学校长。

王云东校长带我们参观校园，看了分布在几个校区的大小会场。他一边给我们介绍学校的发展，一边表示学校将尽全力做好大会的准备和服务工作。接触时间虽短，但他留给我们的印象却是干练智慧、对人热情、对教育澎湃着激情的。

当晚，我们与王云东校长在一起具体对接相关事务。他给我们谈了他从老师到校长、从乡村到城区、从公立学校到私立学校的经历，特别是谈到他一直坚持学陶、师陶、践陶以及陶行知教育思想对他的影响。

"捧着一颗心来，不带半根草去。""为一大事来，做一大事去。""千教万教教人求真，千学万学学做真人。""生活即教育，社会即学校，知行做合

1

一。""教育为公，以达天下为公。""真教育是心心相印的活动，唯独从心里发出来的，才能达到心的深处。"……王云东校长对陶行知的名言，信手拈来。大家对他赞慕有加。

当我们说到教育的未来已来，教育怎样面向未来、取向未来、走向未来时，他说了一句："教育越未来，越本来。"

"越未来，越本来。"顿时让我们耳目一新！我琢磨着这几个字，感觉越琢磨，越有味道，特别是两个"来"，相映成趣，充满着教育哲学意趣。

随着社会的日益发展、人工智能时代的到来，教育的"未来已来"，教育的"现在就是未来""此时此刻就是未来"。

基于"未来"的教育，使学校的围墙逐渐被打掉、教学的结构完全被打破、教育的边界不断被打通。

未来的学校其实就是一个"学习中心"。它不再是封闭的，不再是以单纯意义上的"教室"作为课堂，而是从封闭走向开放，通过学校和家庭形成良性互动，与社会进行各种各样的资源交流与链接，共同为学生创设多元融合的育人空间，形成一个以所有人教育所有人的"大课堂"。

未来的教学其实就是一个"私人定制所"。它不再是单一的，也不再是传统的教学组织结构，而是通过打破固定的课时安排，围绕学生的天性与真实生活构建课程体系，学生不仅可以选择课程，还可以选择上课时段，以个性化的学习作为"强支持"。

未来的教育其实就是一个"云教育实验场"。它不再是以传统意义上的"老师"作为教者，而是通过互联网、云计算、大数据、物联网、人工智能等信息技术在教育领域的广泛运用，构建起强大的网络学习环境，鼓励学生自主管理、自主成长，以主动学习、能动学习、生动学习作为主要形式的"自教育"。

不管教育如何面向未来、取向未来、走向未来，正如王云东校长所说的，"越未来，越本来"，教育越在面向未来、取向未来、走向未来时，越需要回归本色、回归本原、回归本真、回归本质。

本色来自道家的自然归真思想。老子所谓的"道可道，非常道"，即指自然归属——一种本能和天然的属性。真正的教育是平凡的、普通的，也是朴素的。朴素的教育最美、最持续、最有魅力。庄子说："朴素而天下莫能与之争美。"

教育回归本色，就是要回归朴素、抱朴守素、返璞归真、不忘初心、不易素心。就是要做朴素的教育，"清水出芙蓉，天然去雕饰"。就是要让教育多一点平凡和朴实，少一些矫揉和造作；多一点自然和清新，少一些做秀和烦琐；多一点宁静和优雅，少一点纷扰和繁杂；多一点宽厚和包容，少一些苛刻和虚伪。

教育的终极目的是为了人的发展，离开了人，就没有了教育。高度尊重人，尊重人的人格，尊重人的生命发展，这是一切教育的逻辑起点。

教育回归本原，也就是教育要回归原点，一切从"人"出发，眼里有人，心中有人，关切人性，关注人文，关照人本，激发学生的兴趣，启迪他们的智慧，解放他们的个性，释放他们的天性，把童年还给他们，把快乐还给他们，让他们从中享受到成长的幸福、接受教育的乐趣，从而使教育回归到内在价值上，回归到启蒙和解放的真谛上。

很多教育人只知道匆匆上路，不知道为什么出发，也不知道要到哪儿去，迷失在功利、喧嚣、浮躁的丛林中，甚至让教育在反教育的路上越走越远。

教育回归本真，就是让教育回家，回到那样的一方心灵小屋，回到那样的一间宁静的地下室，回到那样的一个充满着温馨、弥漫着温情、荡漾着温暖的家园。

教育的本质是培养人，培养正常而健康的人，培养有理性、有理想的人，培养有爱心、有感恩心的人，培养有责任、有担当的人。教育回归本质，就是要着眼于立德树人、五育并举，而不是唯分数至上、以分数论英雄；着眼于唤醒人内在的潜能，而不是生硬的、简单的灌输；着眼于让人发现自己的可能性，而不是教给人具体的知识或者技能；着眼于丰富自我、提升自我、完善自我，而不是一味成为考试的机器、升学的工具或拥有谋取职位的敲门砖；着眼于人自由的精神、公民的责任、远大的志向、独立的思考、终身学习的基础、获得幸福的能力，而不是仅仅为了应付九年、十二年之后那两场考试。

固然，"未来"的到来，对教育有波及、有影响，但是教育的本色、本原、本真、本质并不会因为信息技术的介入、学习方式的变化、教育手段的创新而发生改变。

相反，越是面向、取向、走向未来，教育更应该体现本色，重拾本原，坚守本真，捍卫本质！

汤勇

2024 年 7 月 23 日于古城阆中

目录

1
第一章

好教师成就好教育

2
第二章

好校长就是一所好学校

3

第三章

好管理带来好发展

让教育真实发生

第四章

身边的教育哲学

第五章

重塑教育生态

第六章

把童年还给孩子

第七章

改变，从阅读开始

第八章

9

第九章

与教育美好相遇

后记

第一章

好教师成就好教育

普通教师的教育家精神体现在哪？

当下，全国上下所弘扬的教育家精神，不仅适用于那些真正的教育家，也不仅指向那些极少数的优秀教师，也针对的是那些推动教育强国建设的每一位普通教师。

弘扬教育家精神，不是要求每一位普通教师都成为教育家。我们有一千多万普通教师，这些普通教师，事实上不可能人人都成为教育家，但是我们每一位普通教师都应该具有教育家精神，应该用教育家精神要求自己、引领自己、激励自己、成就自己，以此争做新时代的大先生，为教育强国建设做出自己的贡献。

那么，普通教师所具有的教育家精神，应该体现在哪些方面呢？

第一 | 应该体现在教师的理想精神上

教师职业是一个充满理想主义的事业，需要理想的支撑，更需要理想主义精神的普照与辉映。

因为教师的职业关乎的是人，塑造的是人生。这就决定着教师不仅仅是知识和技能的传授者，更重要的是用智慧、精神、观念、价值等影响人的成长，使人的生命丰盈、葱茏。

因为教师的职业始终同思想相伴。"教师是思想的载体。"这是英国教育家沛西·能在他的《教育原理》中表达的一个观点。一个教师不仅是思想的传播者，而且也是思想的生产者和贡献者。很难想象，一个教师如果没有以理想为基石，哪会有思想汩汩不断的源泉？

因为教师的职业着眼的是明天，面向的是未来，这就要求教师不能苟且于当下、慕功利于现实，必须要有梦想、要有教育理想。

因为教师的职业存在很多无奈，在确定性中又有很大的不确定性。诸如教育的应试属性，让教育乱象丛生；教育的形式主义，让教育失去了应有的宁静。教师如若没有人生的理想信念以及对教育理想的坚守，最终完全可能堕入"人生的灰色地带"。

弘扬教育家精神，教师作为理想主义者最理想的职业选择之一，必须要有理想精神。

第二 │ 应该体现在教师的敬业精神上

敬业是教师对职业的敬畏。一个敬业的教师会始终牢记为党育人、为国育才的初心使命，热爱教育事业，全身心投入教育事业，对教育事业满腔热忱、赤胆忠诚。

一个敬业的教师会认真对待工作，竭尽全力地做好每一件工作，力求把手头的平常工作做得不平常、普通的工作做得不普通。

一个敬业的教师会在平凡的教育岗位上，知行合一、率先示范，把敬业精神落实到教室的每一个角落、校园生活的每一个空间里，落实到每一天的备课、每一堂课的讲解上，落实到每一个学生的学习以及每一个问题学生的及时转化之中。

一个敬业的教师会明白爱是教育的灵魂，没有爱就没有教育，并自始至

终信任学生、理解学生、尊重学生、公平对待学生、用欣赏的眼光包容并接纳每一位学生，并把每一位学生的成长当作自己的最高荣誉，努力用敬业、优雅、博爱，成就每一位学生。

一个敬业的教师会永远将敬业作为天职，把不敬业视为失职。

第三 │ 应该体现在教师的奉献精神上

教师职业比较清贫，也充满艰辛，教师职业的回报是内心的充实、灵魂的丰满；教师职业的寄托是学生成人成才，桃李满天下；教师职业的幸福来自一路奋斗、一路跋涉，所涵养的一颗童心、收获的一个个小确幸；教师职业的价值体现在学生未来对社会的贡献上，体现在学生今日的爱戴与未来的美好回忆中，因而教师职业更多彰显的是精神属性和奉献特性。

选择了做教师，便选择了"春蚕""蜡烛""园丁"等代名词；选择了做教师，就选择了平凡、选择了责任、选择了奉献。

因此，教师要有"衣带渐宽终不悔，为伊消得人憔悴"的精神，不汲汲于富贵，不戚戚于贫贱，恪尽职守，兢兢业业，在全力以赴、宁静致远中，书写多姿多彩的教育人生。

第四 │ 应该体现在教师的专业精神上

专业成就好教师，也成就好教育。专业，乃为师之基、执教之本。

一个教师只有专业扎实，具备精益求精的专业精神，才能成为一名好教师，也才能把教育家精神植根于教师的血脉与生命中，才有可能做出有温度、适合每一个学生的教育。

好老师不是天生的，好教育也不是凭空而来的，是在教育教学实践中，立足课堂、研究课堂、琢磨课堂，磨练自己的教学，不断反思而来。要修炼厚重的专业精神，教师必须立足课堂，让课堂充实、真实，有用、有效、有趣、有意义，把育分提升到育人，把学科教学提高到学科教育的高度，让教师由经师变为人师，由课堂操作者变为课堂引导者，由课程执行者变为课程创生者，由一味传授书本知识的教书匠，变为塑造学生的品格、品行、品位，做学生为学、为事、为人示范的大先生。

第五 | 应该体现在教师的进取精神上

当下一些教师缺乏进取精神，主要表现在两个方面：一是不学习，吃老本，精神与生命状态停止成长；二是安于现状，没有职业规划，也没有发展目标，成天浑浑噩噩过日子。可以说，这是教师的大忌，这也与教育家精神相去甚远。

陶行知先生说："出世便是破蒙，进棺材才算毕业。"这就要求教师要有终身学习意识，把学习作为一种使命、一种生活方式、一种生存必需。

通过勤奋治学，自我拓展，自我提高，不断适应这个日新月异的时代，不断感受这个时代的奔腾与汹涌，不断吸纳这个时代的精华与力量，去写出中国教师的成长学，去培养祖国的下一代，去铸造共和国大厦的风骨与脊梁。

魏书生曾说："有作为的人，每天都在塑造着新我，每天都从一个新的角度认识世界、认识自我、设计自我。他的心灵像电闪雷鸣，不断放射出新的光芒和声音。"

要"塑造新我"，我们就要学会自我加压，勇于和自己较量，敢于倒逼自己。

除了在一方小小的教室里，和孩子们放飞梦想，创造出属于自己的教育故事，还可以有意识地参与一些有挑战性的工作，比如做做演讲、上上公开课、搞搞课题、写写论文。通过这些方式，倒逼自己不颓废、不懈怠，积极向上、砥砺前行。

作为年轻教师，还可以选择自己感兴趣的领域，也就是生命中最亮的那一个"点"，进行打磨、抛光、锤炼，使其熠熠生辉，打造一张属于自己的亮丽名片。

第六 │ 应该体现在教师的创新精神上

当今科技发展迅猛，社会面临着百年未有之大变局，教育领域也日新月异，发生着翻天覆地的变化。教学内容不仅是教书本、教学科知识，而是更加注重立德树人，学生全面发展；教学工具不仅是黑板、粉笔，还有云教学、智慧教室、翻转课堂等；教学方式不再是"满堂灌""填鸭式"，而是启发、合作、探究；教学场地不再局限于小小教室，而是已经延伸到社会、社区、大自然等广阔的课堂上……十年、二十年前，谁能想到现在的孩子可以在网上学习、用手机进行学习，谁又能想到，三五年之后，那时的孩子又是一种什么样的学习形式与方式。再加之新时代的教育培养的不再是仅有点文化知识的劳动者，而是要培养适应高科技、高速度、高质量社会发展的各种创新人才。

因此，教师必须具有改革创新精神，更新观念，创新理念，改变教学方式，探索教育新模式，注重培养学生的实践性思维和创造性思维，不能照抄照搬、故步自封、僵化守旧，始终去重复昨天的故事。

当然，教育也必须因时而变，不能为变而变、为创新而创新。要坚守不变之变，坚守传统教育价值观念，将教育保持在科学、人文、理性、常识的轨道上。

教育家精神如果能在每一个教师身上体现出来，在教育家精神的引领下，在各自的岗位践行，在每一个"当下"认真实践、不断追求，中国的教育就会日益美好！

好教师的五重修炼

人的一生就是一场修行，教师的成长就是一种修炼。要做一个好教师，应该从以下五个方面修炼自己。

一 | 修炼自己的形象

学校是人们心中的"象牙塔"，教师更是人们心中的"智慧的化身""美丽的天使"。

有时候，一个人的外在形象，就是一个人世界观的体现，它不仅藏着他的生活，还藏着他正在追求的人生。

很多时候，一个教师的外在形象，就是教师的职业形象，它不仅体现着教师的气质，还体现着教师日益形成的教学风格以及教育魅力。

著名形象设计师黑玛亚曾说过一句话："当你不能够让自己呈现出美好的状态时，你就像是在宣告你被生活、时间、工作和家庭打败了一样。"

教师怎样才能呈现出一种美好的状态？

一是修炼服饰。三分长相，七分穿着。服饰代表人的品位，体现一个人的修养，也决定着一个人的影响力。马克·吐温说："服装建造一个人，不修边幅的人在社会面前是没有影响力的。"

教师的着装要适合职业场域，要符合个人风格，要注重端庄、大方、得体；不穿奇装异服，不弄得花里胡哨，不要过于追求华丽、昂贵。

二是修炼体态。体态即仪态，指人的举手投足、站行坐卧的姿态。有什么样的体态，就有什么样的教态。古人讲究站如松、坐如钟、行如风。教师要做到表情亲切自然，举止磊落大方，手势庄重得体。

三是修炼笑容。笑容既体现教师的亲和力，又显现教师无穷的力量。泰戈尔说："微笑，是世上最美丽的语言。当你微笑时，世界爱上了你。"教师应尽可能做到带着微笑走进学校、走进课堂、走进孩子的内心世界，让微笑沟通孩子与教师的心灵、构建温馨温暖的教育氛围。

四是修炼眼神。眼睛是心灵的窗户，透过眼神能传情达意，窥见内心的繁华与荒芜。有时候，眼神比言语更能让人感受到情绪。

如果教师有一双会说话的眼睛，有一种友善的、慈爱的、温情的、透着智慧和真情的眼神，一定更有亲和力，一定能打开一道道心灵的枷锁。

五是修炼语言。教师的形象总是和他的语言世界相连接，教师使用什么样的语言，其实传达的是一种自身的形象和自我的境界。英国文艺复兴时期著名的剧作家、诗人本·琼生说："语言最能表现一个人，你只要一张口，我就能了解你。"于漪老师也说："语言不是蜜，但可以粘住学生。"

语言作为教师形象的重要体现，要力求表达准确、科学严谨，不庸俗化；要干净利索，不说废话；要语调流畅、抑扬顿挫，不歇斯底里；要风趣幽默，不死气沉沉。

二 ｜ 修炼自己的功底

过去说，给学生一碗水，教师应该有一桶水。如今的时代"一桶水"已经不够了，教师必须具备"一潭水"。这"一潭水"，还必须是源头活水，而不是死水；必须是复合水、营养水，而不是纯净水。

如果你只有一块木板，你只能漂浮着过河；如果你有几十块木板，你就可以造一艘船过河；如果你有成百上千块木板，你便可以架一座桥过河。

这都说明，做教师，功底越深厚越好。

教师应不遗余力修炼自己的功底。诸如"三笔一画"基本功、普通话基本功、教材分析基本功、课堂教学基本功、学情研究基本功、教学评价基本功、学困生转化基本功、教育科研基本功、现代教育技术应用基本功、家校共育基本功，等等。

怎样修炼这些基本功呢？

一是阅读。阅读是最好的学习与成长，是对这些基本功最大的修炼。苏霍姆林斯基说："读书，读书，再读书。"对教师来说，离开了阅读，难道还有更好的修炼方式吗？

如果我们的教师感到自己的功底不行，惶惶不可终日，怎么办？我的建议是，一定要去广泛阅读。就像杨绛先生在《我们仨》中说的那样："我们的阅读面很广，所以人心惶惶时，我们并不惶惶然。"

只有持续不断地阅读，我们才能以精深的专业知识、开阔的人文视野、扎实的教育功底，走进学生心灵，游刃有余地驾驭课堂，真切地体会到教学的乐趣、教育的快乐、教师的幸福。

二是实践。实践是孕育功底之花果的肥沃土壤，实践的奥秘就在于全身心投入。投入其中，沉浸其里，达到忘我的境界，那既是最沉醉的时候，又是最享受的时光，更是对功底的最大夯实与修炼。

三是反思。我思故我在。曾子曰："吾日三省吾身。"反思是人自我觉悟的过程，也是自我提升的过程。教师应该勤于反思、勇于反思，在不断地反思中，从否定到肯定，从教训到经验，从归纳到演绎，厚实基础，扎实功底，自我重建。

四是研究。教师的研究，是教师发展的"高速公路"，是教师专业成长的最优"赛道"，也是修炼教师功底的基本之策。教师应该在研究中发现教育问题、探寻教育规律、触摸教育品质、感受教育幸福、明白教育要义。

五是写作。促进阅读、实践、反思、研究最好的方式是写作。写作是教师阅读之后的输出，是实践之后的结晶，是反思之后的表达，是研究之后的成果，是教师精神生命的呈现，是教师心灵世界的展示，是教师认知水平的深化，是教师功底的积淀与提升。

三 │ 修炼自己的德行

苏霍姆林斯基说："请你记住，你不仅是学科教员，还是学生的教育者、生活的导师和道德的引路人。"教师的德性，也就是教师的思想道德素养，既是一种品性，也是一种师德。

第斯多惠也说："正如没有人能把自己所没有的东西给予别人一样，谁要是自己还没有发展、培养和教育好，他就不能发展、培养和教育别人。"教师如果没有好的德性，他是不能甚至没有资格发展、培养和教育别人的。

教师修炼德行，首先，要修炼宽容之心。海纳百川，有容乃大。宽容，是一种力量，它体现出一个优秀教师应具有的气质涵养、品质修养、德性水准。

教师的宽容，不仅是要胸怀坦荡、宽以待人，更重要的是以仁爱之心对待学生，爱中有严、严中有爱，不纵容、不迁就，既对学生错误行为加以包容和理解，又对学生成长的每一个过程，给予无微不至的关爱和支持。

其次，要修炼积极心态。心态很重要，它决定成败，也决定生活状态。很多人事业无成、生活压抑，皆因心态所致。

"你的心态就是你真正的主人，"哲人说，"要么你去驾驭生命，要么是生命驾驭你。你的心态决定谁是坐骑，谁是骑师。"

面对玫瑰上的刺，具有积极心态的人看到的是刺上的花，而消极心态者，看到的却是花下的刺。

教师要善于修炼心态。与其成天唉声叹气、牢骚满腹，不如调整心态、直面困难、主动作为；对教育上的乱象，与其在那里埋怨、谴责，不如保持平和心态，立足当下，做教育大厦的建设者、行动者、改变者。

再次，要修炼良好习惯。一个人的习惯里藏着他的命运。习惯决定一切，好习惯成就好人生。培根说："习惯是一种顽强而巨大的力量，他可以主宰人生。"

教师应努力修炼一些好的习惯。比如管理好自己时间的习惯。时间是最宝贵而有限的资源，不能管理时间，便不能管理自己的人生。在时间管理上，既要"节流"，又要懂得"开源"；既要会利用点滴时间，还要充分利用业余时间。人生的差异就在于业余时间的利用上。

比如修炼不拖延的习惯。当天的事当天毕，今天能做完的事，决不拖到明天。

比如修炼做任何事都给自己留点余地的习惯。凡事提前10分钟，就可以在遇到突发情况的时候，让自己有足够的时间去处理，不会总是让自己处于一种非常紧迫着急的状态。

比如修炼倾听的习惯。倾听是一门艺术，一个善于倾听的教师，才是优秀而充满智慧的教师。

除此之外，教师还要修炼自制力。事实上，管束别人总比管束自己要容易得多。教师教书育人、为人师表，必须具有自控力，自己严格要求自己，自己管理好自己，不放纵自己，不使自己散漫。最好的教育莫过于示范，要求学生做到的，自己率先做到；要求学生不做的，自己坚决不做。

四 | 修炼自己的灵魂

在古老的中国文化中，教育一直被赋予崇高的地位，教师也被喻为"人类灵魂的工程师"。要塑造孩子的灵魂，教师必须要有一颗高贵的灵魂。

教师有了高贵的灵魂，才会有高尚的道德、纯粹的师德，才会在喧嚣浮躁的时代保持一份优雅与从容、淡泊与笃定；也才会以敬畏之心对待教师这份神圣职业，并以自己的热忱和爱心去点燃学生的智慧之火、启迪学生的思想之光，赋予他们良好的"价值生命"与"意义人生"。

有一个高贵灵魂的教师，一定是内心丰盈、有光的。著名作家、媒体人王开岭曾说："在一个雾霾的时代，我们要提升自己的内心光线。"内心光线提升了，灵魂自然也就高洁了。

有一个高贵灵魂的教师，一定是心中有爱、心有大爱的。爱是教育的源泉，爱也是教育的全部密码，教师在用爱引导学生、唤醒学生、点燃学生的同时，也能塑造出自己美好的灵魂。

有一个高贵灵魂的教师，一定是心怀感恩、懂得感恩的。尼采说："感恩就是灵魂上的健康。"一个教师拥有感恩之心，他所看到的皆是美好与明媚，没有仇恨，没有牢骚，即使世事"惊涛拍岸"，也能够处变自若。

有一个高贵灵魂的教师，一定是上善若水、静而不争的。"争"是人的天性，"不争"却是做人的最大智慧、最高境界。《道德经》中有云："以其不争，故天下莫能与之争。"南怀瑾说："生命，只有在被欲望迷乱了的人心中，才一定要分出尊卑高下。不争，是人生至境。"在教育工作、生活中，不陷入世俗纷争，听从自己的内心，既能获得幸福的教育人生，又能让自己灵魂留香、变得有趣。

有一个高贵灵魂的教师，一定是会独处、善于独处的。庄子曰："独往独来，是谓独有。"独处，是一种与自我相处的能力，也是一个尽情释放自己、不断成就自我的时刻，更是人生中最重要的修行。教师给自己搭建一个心灵的地下室，和自己的心灵对话，和自己友好独处，才能洞见自身的澄澈与明亮、享受生命的葳蕤与蓬勃、雕琢出灵魂的圣洁与唯美。

五 | 修炼自己的健康

其实，健康的重要性再怎么强调都不为过。如果说"健康"是那个数字"1"，那么事业、名利、财富、地位等就是后面的那一串"0"；如果没有健康，其他的那一切都等于零。

陶行知先生说："忽略健康的人，等于在同自己的生命开玩笑。"因此，教师要学会修炼自己的健康。

首先，要善于调节情绪。情绪有好、坏之分。对于教育，好的情绪能够感染学生，带给他们一片艳阳天；而坏的情绪却会像瘟疫一样，传染给学生，让学生无精打采、萎靡不振。对于身心，好的情绪会让我们愉悦，有益健康；而坏的情绪，却只会带来心烦意乱，让人身心俱疲。

"愤怒出诗人，但愤怒绝不会出教育家。"要我说，愤怒既出不了教育家，也出不了身心健康者。

奥里森·马登说："任何时候，一个人都不应该做自己情绪的奴隶，不应该使一切行动都受制于自己的情绪，而应该反过来控制情绪。"

情绪生病比身体生病更可怕。谁控制了情绪，谁就控制了人生，谁就拥有了健康。

其次，要尽可能善待自己。教育，是每个教师存在的根本。但教育不应是教师的全部。教师再忙，一定要留点时间给自己，留点闲暇放松自己；再累，一定要劳逸结合，有张有弛；再苦，一定要留意自己的健康。

最后，要热爱生活。一个卓越而幸福的教师绝对是一个有情趣的教师，也绝对是一个有着多姿多彩生活的教师。他不是"工作狂",也绝不是苦行僧。

面对纷繁的工作、繁杂的事务,一个卓越而幸福的教师懂得忙里偷闲、涵养自己的志趣爱好。练练字、习习画、跳跳舞、听听戏、做做手工,让平淡的日子多点情调浪漫;喝喝咖啡、钓钓鱼、养养花、种种草,让单调的生活变得悠闲而充实;甚至在节假日,游历于山川,纵情于山水,徜徉于大自然,听潺潺流水,看蓝天白云,感受小草呓语与"梨花一瞬",岂不更是优哉游哉乐哉!

教师只有从这五个方面,不断修炼,尽可能完善自己,才能够日益走向卓越而幸福,成为一名真正受学生喜欢、家长尊重、同事羡慕、被社会认可的好教师!

教师怎样走向卓越和幸福

卓越指的是非常优秀，而幸福，与名利无关，与贫富无关，与地位无关，甚至与学识和文凭都无关。幸福是一种内在感受，一种生活状态。

优秀不等于幸福，卓越也不一定就幸福。但"卓越而幸福"，最终却指向幸福，落脚点也是幸福。"卓越而幸福"，那是作为一名教师最高的境界。

做一名卓越而幸福的教师，虽然不容易，但教师应该有这种不断的向往与追求。

一 | 在朴素的践行中
走向卓越和幸福

过去我在阆中从事区域教育管理，践行的是朴素的教育。2014年我曾出版过一本书叫《做朴素的教育》。

当初我提出教育的朴素，是基于一些观察与思考。太阳每天早上从东边升起，傍晚从西边落下；农民种庄稼，春天播种，秋天收获。这些都是一些朴素的现象与事实。

一个人走南闯北，尝尽天下各种饭菜的味道，最难忘的还是小时候母亲做的一碗面、一碗饭的味道；一个人不管穿什么名牌衣服、皮鞋，穿着最温暖舒适的还是小时候母亲在煤油灯下缝制的棉衣和纳的平底布鞋……

这都说明，这个世界上的一切都是朴素的，吃饭穿衣需要朴素，做人做事需要朴素，做教育同样需要朴素。朴素的教育才最美，最持久，最有魅力。

曾经，阆中的校园文化是朴素的，没有形式文化，也没有匠人痕迹。师生们因陋就简、就地取材、变废为宝，一块砖、一片瓦、一个蛋壳儿、一条破牛仔裤、一堆旧书报，都可以做成一件件精美的艺术品，用以装点楼道、墙壁、教室和校园。

课程也是朴素的，老师们挖掘地方文化、乡土文化，所研发的乡土课程、地方课程，让孩子们留下了乡音、记住了乡愁。

学校所开展的社团活动，没有高大上，而是朴素的。踩高跷、跳大绳、滚铁环、踢毽子、打地鼓牛、抓石子儿、跳房子，这些"童年拾趣"活动，给孩子们带去了快乐，给校园带来了一派生机。

老师们的课堂，素素净净，没有喧嚣，没有铺排，没有眼花缭乱，没有一味地追求热热闹闹，朴素的课堂给孩子们留下了许多美好的回味。

践行朴素的教育，除了让我们的校园文化、课程、课堂、社团活动，尽可能返璞归真、具有朴素的本色，还必须做到以下几个回归：

回归宁静。教育是慢的艺术，是农业，不是工业，需要教师春风化雨，静待花开，不急不躁，努力构建自己心灵的地下室，拥有自己的瓦尔登湖，保持一份内心的从容、优雅与宁静。

回归人性。教育是人的事业，教育传递的也是生命的气息，教师必须看见人、看见孩子。苏霍姆林斯基在《致未来的教师》中写道："未来的教师，我亲爱的朋友！在我们的工作中，最重要的是要把我们的学生看成活生生的人。"

回归常识。做教育，不需要什么深奥的理论去支撑，只是需要遵循常识、捍卫常识。然而一些教育人在常识面前常常不识，常识似乎越来越稀有。课间十分钟本来是属于孩子的，孩子们应该在课间尽情地嬉戏玩耍，而现在有的学校害怕出安全事故，竟规定孩子们在课间也只能待在教室，不能打闹，以致课间十分钟正在消失。"把课间十分钟还给孩子"，成了当下最热切的呼声。

回归本真。教育的功利、浮躁、焦虑，让教育在反教育的路上走得很远，我们的教育需要回家。教育回家，就是回归初心、回归本真，让教育回归到应有的轨道上去。

回归自然。教育需要顺其自然，不能急于求成，不能拔苗助长，不能杀鸡取卵，更不能竭泽而渔。教育应该打开教室门、校门，带孩子们到田间地头、到大自然中，去看蓝天白云，去呼吸新鲜空气，去听鸟儿鸣叫，去观蝴蝶翩飞，去实践体验，去感受大千世界的万象与美好。

回归生活。教育最终是为了生活，是为了让孩子们走向生活，是为了幸福的人生生活。因此，教育必须立足生活、对接生活，为孩子们的未来生活做准备，为他们的幸福生活提供技能与支撑。

二 | 在职业的热爱中 走向卓越和幸福

教师职业的特殊性需要教师把热爱排在第一位，热爱可抵岁月漫长。

教师职业本身非常美好，诸如外在美，有固定的工作、稳定的收入，有较长的寒暑假可以供自己支配；内涵美，能够单纯地做事、创造性地做事，做自己喜欢的事、做能实现自己人生意义与价值的事；永恒美，很多年之后，不少职业有可能消失了，但一定有教师，很多上了年龄的教师，有可能在某一天不在人世了，但他们的教育思想还会通过他们的学生一届一届地传承下去；崇高美，帮助孩子成长的同时，也能够成长自己，照亮孩子的同时，能点亮自己，在一路奋斗、一路跋涉的同时，能够收获一个个小确幸。所以我们更应该用热爱去拥抱这个职业。

一个对教师职业充满热爱的教师，他会投入其中、专注其里，全力以赴、达到忘我的境界。

他会清楚工作的姿态是最美的，他会明白幸福的要义在于对职业的敬畏，他会懂得教师的最高礼遇与尊严"不在月光下，也不在五光十色里"，而"在勤勉敬业中""在付出与奉献里"。

他会永远充满激情、斗志昂扬，对教书育人乐此不疲，而且始终有梦想、有冲劲、有期盼。

他会在面对问题时总要比别人多想一点，在遇到事情上总要比别人多做一点，在目标的确定上总要比别人高一点，在工作的态度上总要比别人主动一点，在方法的运用上总要比别人灵活一点，在细节的琢磨上总要比别人上心一点，在效果的追求上总要比别人完美一点。

他会不管环境如何、条件怎样，都能以豁达的胸襟、乐观的态度，品味出教育这首壮阔诗篇的博大深邃以及精妙绝伦。

三 | 在情怀的涵养中
　　走向卓越和幸福

情怀，一个被广泛运用的词语，看似很滥，但对于教师来说太重要了。因为选择了教师这个职业，就意味着远离了名声、远离了暴富，而选择了一种宁静、一种清贫、一种奉献、一种坚守。没有情怀，绝对干不好教育；没有情怀，永远感受不到教师职业的幸福；没有情怀，最好也别当教师。

教师的情怀大致体现在哪些方面呢？

一是家国情结。不死教书，不教死书，不教书死，也不是两耳不闻窗外事；而是心系天下，心里装着国家和民族、装着祖国与未来，在百年未有的大变局中关注时代、关注社会、关注人类，汲取养分、丰富思想、斑斓人生。

二是职业情感。教师把手头的工作当成是职业还是事业，完全取决于情怀。教师有了情怀，就会把普通职业视为神圣事业，甚至作为一种融入生命中的命业，一种实现人生价值的志业；就会敬业、精业、乐业，并永远将不敬业、不精业、不乐业，视为失职、渎职；就会把微笑、感谢与赞美融入职业本能，去善待职业、演绎职业、诠释职业，让职业熠熠生辉。

三是学生情谊。要走近孩子，亲近孩子，关爱孩子，信任孩子，尊重孩子，公正对待孩子……总有一天，把自己也变成了孩子。

四 | 在责任的担当中
走向卓越和幸福

什么是责任？责任是与生俱来的一种使命，是挥之不去的一丝情愫，是魂牵梦萦的一份牵挂，是链接你我他的一根纽带。

责任是金，责任胜于能力，责任大于一切。

教师能不能教好书、育好人、干好本职工作，我以为，不在于工作环境的差异、条件的好坏、文化水平的高低，而在于教师有没有责任心、能不能担当责任。

成就卓越和幸福的教育人生，必须以责任为本、从责任立身。

怎样担当责任？我想，一方面，必须对事业负责。事业是人生的舞台，对事业负责，就是要牢记使命、不忘初心，以高度的责任感，传道、授业、解惑，助力教育高质量发展，做出孩子们向往的教育，在事业的尽职尽责中体现自己人生的价值，在学生的成长、教育的改变中成就自己不悔的教育人生。

另一方面，必须对孩子负责。对孩子负责，不是对孩子的一时负责，也

不是对孩子九年后、十二年后那两三天考试负责，而是对孩子的一生负责，为孩子的终身幸福奠基；对孩子负责，不是对一部分孩子负责，而是要对每一个孩子负责。每个孩子都是一个独立的生命个体，都有自己的偏好、兴趣、个性特征，要善待每一个孩子，不落下每一个孩子，让每一朵花都绚丽绽放，让每一个生命都有枝可依。

同时，也必须对自己负责。教师不要把时间全部都给了学生、给了教育，还应该留点时间给家庭、给自己、给生活。我以为，教师要工作也要要家庭，要学生也要要孩子，要事业也要要健康。教师只有对自己负责，才能更好地向事业负责、向学生负责。一个对自己都不负责的教师，是很难对事业、对学生负责的。

五 在课堂的扎根中
走向卓越和幸福

课堂是教师的生命场，是教师职业的主战场；课堂的生命在于教师，教师的生命在于课堂。

李政涛教授在《活在课堂里》说："我即课堂，课堂即我。课堂的境界，就是教师生命的境界。""对课堂的设计，首先是对教师生命的设计；对课堂的精雕细刻，是对教师生命的精雕细刻。"

教师扎根课堂，就是要把课上好。

把课上好，这是教师最崇高的师德。教师上好常态课，常态课比天还大，更是教师师德中的师德。

教师怎样把课上好？膏药一张，各有炼法，这不是三言两语能说清楚的。但我觉得，教师要把课上好，首先，要把学科教学提高到学科教育的高度来认识。现代教育，每一位教师都被界定为某个学科的教师，强调了学科教学的专业性。但是教师的天职与使命是教书育人，一个好的课堂应该是坚持立德树人、以培育人为目标，教师应该用其智慧、精神、观念、价值等影响人的成长，让孩子成人，而不仅仅是为了知识和技能的传授，或者仅仅为了完成教学任务。

其次，要还课堂给学生，还学习的主动权给学生。把以教师为本转变成以学生为本，把以教为主的设计转变成以学为主的设计，把以教得好为目的的策略转变成以学生学得好为目的的方略，让学生学会合作学习、能动学习、探究学习、快乐学习。

再次，要建构良好的师生关系。好的关系，就是好的教育、好的课堂。师生关系良好的教育与课堂，没有恐惧，没有紧张，没有体罚，弥漫的是民主、尊重、温馨与和谐。

还有一点，那就是要具有课程意识。教师要积极参与课程改革，要从课堂知识传授者变为课程研发者，以课程变革促进课堂改革，并努力形成自己的教学风格。

六 │ 在自己的成长中
　 │ 走向卓越和幸福

成长，是教师生命最美好的形态，是生活最灿烂的姿态，也是人生最绚丽的状态，更是教师收获职业幸福取之不尽的源泉。

一些教师之所以没有感受到职业的幸福，甚至过早地产生职业倦怠，我以为，要么是对工作没有全身心投入，要么是停止了成长。

而教师要成长自己，必须做到六个"不断"。

不断阅读。阅读对于教师，是最好的备课，最曼妙的修行，最有效的保养与成长。

面对社会的日新月异、教育形态的推陈出新、知识的折旧加速，教师一定要有"饥饿"感，要多阅读，坚持不懈地阅读。从阅读发力，成长，也由阅读开始。

不断实践。对于教师来说，备课是实践，上课是实践，作业批改是实践，学困生转化是实践，班队会组织是实践，家校沟通也是实践。立足每一个实践，把握每一个教育环节，聚焦每一个教育现场——只有这样，才能积累教学本领，生成教育智慧，收获成长的喜悦。

不断行走。读万卷书、行万里路，这都是很好的成长方式。有一句话说得好，一个人要么旅行，要么读书，身体和灵魂总有一个要在路上。这说的便是行走与阅读，它们同等重要。

这些年，我在教育行走中，既感受到了教育的磅礴之力、万千气象，又遇到了一群心灵相通、精神面孔相像的人，在鲜活的教育场景中收获着自己生命的拔节与成长。我 2023 年 10 月的新书《行走中的教育》，入选《中国教育报》2023 年度"教师喜欢的 100 本书"、中国教育新闻网 2023 年度"影响教师的 100 本书"。

不断反思。"我思故我在""每日三省吾身""成功 = 经验 + 反思""学而不思则罔，思而不学则殆"……这些都在说反思的重要性。

教师要站稳讲台，走向卓越，必须学会反思、善于反思、坚持反思。在反思中，领悟"为党育人、为国育才"初心使命；在反思中，把握课堂方向，转变教育观念，更新教育方法，提升教育能力，塑造自己的教育风格，确立自己的教育思想；在反思中，从否定到肯定、从教训到经验、从演绎到归纳，实现自我革命与重建、自我嬗变与超越。

不断研究。教师既要研究教材、教法，又要研究学生、学情；既要研究课堂、课改、课程，又要研究家校合作、家校共育；既要研究自己的特长爱好、知识结构，又要研究自己的欠缺之处。在研究中把握教育动向，探寻教育规律，挖掘教育意义，解决教育的"疑难杂症"，找到自己成长的钥匙与密码。

　　不断写作。阅读和写作是教师成长的一对翅膀。只有多阅读，才会善写作；只有多实践，才会文思泉涌；只有多行走，才会广积写作素材；只有多反思，才会下笔若有神；只有多研究，才会写得更精彩。只有多写作，才能倒逼自己不停地阅读、不停地反思、不停地研究、不停地行走、不停地实践，也才会养成良好的写作习惯，熟能生巧，不断提升写作技能。

　　这些年，我坚持笔耕不辍，以写作促进自己的阅读与反思，不断汲取精神营养，不断拓展认知视野，让自己在自我成长的路上，不断精进，从未停歇。

　　若能从这个方面去尝试与努力，相信每一位教师都会走向卓越和幸福，都会迎来自己的星辰大海和不悔的教育人生！

自己给自己掌声

又是一年教师节！各级教师节表扬会、表彰会霸屏。

过去一些地方过教师节、开庆祝大会，习惯于对老师先扬后抑，先说老师职业塑造灵魂、奠基未来，如何崇高伟大，然后话锋一转，开始批评有些老师没有爱心、缺乏敬业精神等，活脱脱把十分喜庆的日子弄得沉闷压抑、紧张兮兮。

教师节本是全体教师的节日，每一位教师都是这天的主角，每一位教师都应被看见、都应被重视，都有资格感受节日的喜庆与氛围，都有理由享受节日的福利与礼遇。

我参加工作的第一个教师节是在 1985 年，那时虽然条件差、待遇低，但是教师节却让每一位教师真正感受到了节日的喜庆与快乐。

教师节这一天，上午上课，中午老师们一起聚餐，下午参加猜灯谜、击鼓传花活动——每一项活动都设有小奖品。晚上是茶话联欢会，乡党委给每个老师发一个热水瓶，在那时就是一个像样的纪念品。在简短的座谈后，每个老师要表演一个节目，要么唱歌，要么讲笑话，要么展示其他的。我当时已买了一个砖头录音机，轮到我时，我说我歌唱不好，我请了一个歌唱家给大家演唱。那时候对于乡村老师而言，录音机还很少见，我从怀里掏出砖块录音机，给大家播放了一曲蒋大为的《在那桃花盛开的地方》，赢得了一片笑声与掌声。现在回想起来，那笑声与掌声似乎还在脑际回荡……

现在的教师节还有这样的笑声与掌声吗？

有的老师说，现在的教师节变成了表扬节、表彰节，变成了一少部分优秀教师的专属节。

有的老师说，如今的教师节，那些优秀教师、模范教师、榜样教师，戴大红花、挂绶带、坐前排、领奖牌……而自己不仅感觉不到节日的气氛，甚至还有点自惭形秽了。

还有的老师说，教师节对那些没有被冠以"优秀教师"称号的教师来说，早已名存实亡，应该取消教师节。

在这里我想对老师们说的是，不管教师节变没变味、变了几分味、变成了什么味，我以为，我们每一位老师完全可以改变自己——改变自己的心态，改变自己的活法，改变自己对自己节日的态度。

我认为，只要我是一名光荣的人民教师，教师节就是我自己的节日，哪怕没有人给自己过这个节日。自己可以给自己过呀，自己可以给自己庆祝啊！

自己给自己送一束花，自己给自己斟一杯酒，自己给自己倒一杯茶，自己给自己磨一杯咖啡，自己给自己送上一句祝福语，不是同样可以收获满满的喜悦与快乐吗？

我还想对老师们说的是，优秀，是一个相对的概念，优秀与否其实并不重要。

在应试的语境下，决定老师是否优秀，多数的取向与标准是分数、是升学率。

幸福是自己的主观感受，自己的幸福可以自己做主。我们可以不卓越，可以不优秀，可以在教师节不戴红花、不挂绶带、不坐前排、不获得表彰，但我们可以让自己身体健康、家庭幸福，让自己的人生幸福。我们可以和自己的几十个孩子在那间教室里面，相互依偎，彼此信任，一起放飞教育梦想，迸发教育热情，燃烧教育激情；在那间教室里一起过上一种快乐而幸福的教育生活。我以为，这样一来，这些老师甚至有可能比那些领奖的老师还优秀。

在教师节这天，即使没有其他人给我们鼓掌，我们完全可以在内心深处为自己鼓掌。这个时候，你还会认为教师节没有存在的必要吗？

"大先生"应有大格局

做新时代"大先生"，无疑是崇高的、圣洁的、纯粹的。这不神秘，也不是高不可攀、遥不可及，只需我们有一个大格局。

何谓"格"？"格"是对认知范围内事物认知的程度。何谓"局"？"局"是指认知范围内所做事情以及事情的结果。二者合起来便称之为格局。做大事者必有大格局；做"大先生"更应有大格局。

有大格局，便有大视野、大境界、大智慧，能够以包容之心看待外物、心系远方，不争一日之短长，不计一时之得失，真正做到"泰山崩于前而色不变，麋鹿兴于左而目不瞬"。

时常听到老师们诉说不顺与沮丧。但如果是"大先生"，他就会明白，人并不是一帆风顺的，生活也不是到处洒满阳光，教师同其他人一样，磕磕绊绊难免，波波折折常有，磨难与逆境，更可能形影相随。

一个"大先生"，当打击降临到他身上时，他决不会垂头丧气、萎靡不振。他会知道，一个有韧性的生命，必须接受敲打与捶击，一个真实的生活必然是酸甜苦辣咸五味杂陈，一个真正幸福的人生，是在"山重水复疑无路"时的"双手依然紧握"，是在百折不挠、坚毅果敢、勇于面对后的"柳暗花明又一村"。

不少老师常常哀叹幸福难觅。一个"大先生"，他会懂得人生苦短，人生的所有过往，都将成为驿站。知足常乐，懂得取舍，一切想得开，识得透，看得淡，盯得远，放得下，这便是幸福的姿态；但行好事，修篱种菊，听雨赏花，诵书观景，与百事和解，同万物相安，跟众人和好，圆润自己的心态，丰盈自己的内心，安顿自己的灵魂，这就是幸福的源泉。

这是一个最好的时代，也是一个充满着喧嚣浮躁、光怪陆离的时代。教师不可能生活在真空中，难免不被外界所扰、名利所惑、烦恼所困。但无论怎样，一个"大先生"，他会保持内心的宁静，听从心灵的召唤，坚守从教之初的憧憬，建构一个能够面对真实自我的"地下室"，拥有一个守卫孤独、忍受寂寞、咀嚼生活、享受恬淡的"瓦尔登湖"。

一个"大先生"，他深知，作为教师，注定不可能成为大富翁、拥有丰厚的物质财富，注定不可能当多大的官、拥有显赫的地位。但教育，不是外在的强迫，而是自己的选择；不是应付的差事，而是良心的事业；不是见异思迁的徘徊，而是坚若磐石的笃定。既然如此，他会面对现实，不忘初心，选择自己所爱，爱自己所选择，以阳光滋养生命，用燃烧辉映岁月，拿热爱浇筑职业，把诗篇写在讲台，让大爱荡漾校园。

一个"大先生"，他还会清楚，面对还不理想的教育环境，怨天尤人无济于事，牢骚满腹不解决问题；唯有不停地奔跑，自由地呼吸，永远保持成长的最美姿势，让"成长的风景"为现实与周遭投射一束绚丽而和煦的春光。

一个"大先生"，他更深谙，身为教师，肩上的担子不轻，负担也不小，压力也许比山还大，或许还有太多的辛苦与辛酸，太多的误解与不理解。但无论怎样的境地，他会努力做到即使世界偶尔薄凉，内心也要繁花似锦；即使眼前一地鸡毛，也要尽可能多些浪漫、添些情趣、乐观豁达。他会认识到，若是自己把自己固化成苦行僧，自己把教育的日子过成了苦劳役，那最终是对自己的惩罚与不负责，也是对职业的失敬与亵渎。

教育的功利已让教育越来越内卷，教育的剧场效应更让教育乱象丛生。

对应试的趋之若鹜、跟风助推，已使教育只关注分数和考试。教育乃党之大计、国之大计，声势浩大的"双减"正在以国家之力改变扭曲的教育逻辑，重塑健康教育生态。

一个"大先生"，他会放眼于孩子的全面发展和健康成长，化解"短视"，面向未来，砸碎应试教育的锁链；不让应试教育之"勋章"成为对抗素质教育的铠甲，也不让应试教育成为阻挡素质教育的障碍。

教师是一个蕴神圣于平凡之中的职业，也是一个寄琐碎于日常的职业。教育的神奇正恰恰体现在不为外人道的平凡日常之中，教育的美妙也正恰巧反映在不足挂齿的琐碎上。如何在平凡中书写伟大，在普通中成就伟业？如何在琐碎的日常里演绎教育精彩，创设教育乐趣和幸福？

一个"大先生"，他会竭尽全力把平凡的事情做得不平凡，把普通的事儿干得不普通，在琐碎的点滴中多一些用心，在些微的细节中赋予情感的元素，在教育中创造惊喜、化腐朽为神奇，书写职业生涯的传奇。

一个职业，待遇好、地位高、有成就感和幸福感，这是最基本的取向。但作为一个"大先生"，他不能回避的是学生的认可与尊重。他以为，一个被 学生认可与尊重的老师，是博览群书、学识渊博、学养深厚、基本功扎实，风趣幽默、乐观善良、和蔼可亲的老师；一个被学生认可与尊重的老师，才有真正的幸福可言，也才能真正成为名副其实的好老师；不被自己的学生认可与尊重，那是做老师的最大不幸与悲哀。

有人说，"世间一切，都是遇见"。教育是美好的相遇，也是一场逐光启航、向美而行的邂逅，所有的相遇与相见，都因缘而起、因缘而来，都是为了彼此的成全。一个"大先生"，他会在时间的长河里，同孩子相互依偎，共同成长；他会把雕刻充盈美丽而又多姿多彩的教育人生，作为教育生活的常态，作为自己教育生涯的不懈追求。将"小我"融入"大我"，不辜负自己最初的选择，不错过与孩子的美好相遇，不迷失与教育的幸福遇见，这是一个

"大先生"行动的信念与准则。

　　"大先生"或许与中小学教师还有好"大"一段距离，但只要教师们不断提升大境界、塑造大格局，把"大先生"的点点滴滴融入日常的行动中，知行合一、持之以恒地朝着这个方向去努力，"小先生"终将成为"大先生"。

第二章

好校长就是一所好学校

好的教育要有好的校长

校长是一所学校的灵魂。人民教育家陶行知曾说："一个好校长就是一所好学校。"我以为，一个好的校长就是一个好的教育。好学校要有好的校长，同样，好的教育也要有好的校长。

一 | 好的校长都有自己
明确深邃的教育思想

人是有思想的芦苇，人因思想而伟大，人因思想而走向崇高。

校长关乎培养什么样的人，办成什么样的学校，倡导什么样的学习方式，做出什么样的教育，塑造什么样的教育品质。所以，校长一定要有自己的教育思想。

校长的教育思想，在很大程度上决定着一位校长的建树和境界，决定着一个学校的格局和特色，决定着一方教育的品位和影响，甚至决定着一批又一批孩子的成长与未来人生的走向。

在教育的路上，校长应在不断阅读中涵养自己的思想，在不断反思中沉淀自己的思想，在不断实践中磨砺自己的思想，在不断探索中淬炼自己的思想，努力做教育思想的引领者、躬耕者、前行者。

校长决不能因为停止成长，让自己没有思想，决不能因为信息的碎片化，让自己的思想变得浅薄，更不能因为教育的功利化而随波逐流、迎合屈从，让自己的思想湮没于喧嚣与浮躁的洪流中。

二 | 好的校长都有自己
虔诚的情怀

教育是极富情怀的事业，教育需要情怀，教育者要有情怀。一个好的校长，更要有教育情怀。

一个有教育情怀的校长，他会爱孩子，走近孩子，读懂孩子，理解孩子，信任孩子，喜欢孩子。他会坚定地站在孩子身后，成为孩子世界的"一道光"，辉映孩子的烂漫，点亮孩子的童年，照亮孩子未来的人生路。

一个有教育情怀的校长，他会关爱教师、尊重教师、成全教师。他会把每一位老师都视作学校宝贵的财富，积极创造条件为其搭建成长平台，让老师们发挥特长。他会让教师充分融入学校，充分感受学校，充分享受学校，与校长同心同向，共赴教育的"春暖花开"。

一个有教育情怀的校长，他会把普通的职业当成一项神圣的事业，当成一种融入生命中的命业，当成一件实现自己人生价值的志业。他会以教育发展为己任，全身心投入其中，去实现自己的教育理想，去书写自己的教育人生。

三 | 好的校长都有自己
咬定青山的坚守和定力

当下教育问题不少，造成问题的原因很多，我以为，其中一个重要原因就是一些校长没有遵从教育常识，没有自己对教育终极价值的判断，也没有

对真教育与美好教育的追求。他们往往是人云亦云，别人怎样干，自己就怎样跟；大环境怎样引，自己就怎样从，自己没有定盘星。

校长须有定力。要让素质教育辉映教育的天空，要让"立德树人，五育并举"的光芒照亮教育的每一个细节，要使"双减"能够给教育带来最大的红利，要使孩子拥有更多的闲暇、更完整的童年，校长一定要有"咬定青山不放松""衣带渐宽终不悔，为伊消得人憔悴"，坚持走素质教育的定力。这定力，来自无边的大爱、内心的召唤、良知的捍卫、责任的肩负、使命的担当。

四 好的校长都有
立说立行的实践逻辑

校长理念再新，只不过是水中月；校长思想再活，只不过是镜中花；校长的愿景再好，只不过是空中楼阁；校长的目标再远大，只不过是宏伟蓝图。一个好的校长最重要的能力与使命，就是把理念变现，把自己的思想落地，把愿景诠释成教育发展的一道道亮丽的风景，把学校的目标演绎成清晰、可操作的实现路径，把一个又一个的课程方案在校园里呈现出来，变成生动的教育场景，把国家教育方针的每一个字、每一个标点转化为学校教育中的真实情境。

这就要求校长不仅要说，更重要的是做；不是空想，最关键的是行动；不仅要做批判者，更要努力做建设者、实践者。

五 好的校长都有自己
独特的人格魅力

校长是校园的火炬，是学校的旗手，是教师中的教师，是教师的精神领袖，校长的人格魅力至关重要。

校长的人格魅力，既是个人之品行，又是校风之大旗，还是立德树人之标杆，更是众人跟随之号令。

校长有了人格魅力，就有了不令而行，众望所归；就有了精神支撑，人心所向；就有了凝心聚力，众志成城。

校长的人格魅力就是学校的魅力，就是教育的魅力。一个有人格魅力的校长，他的魅力犹如淡雅的芝兰馨香，沁人心脾，令人陶醉。

校长应该不遗余力，以情感人，以能力服人，以公正待人，以诚信处人，以事业留人，用自己高尚的品格、纯粹的情操、丰富的学识、拔萃的智慧、优雅的举止，铸就自己独特的人格魅力。

时代呼唤更多好的校长，更多好的校长铸就时代所需的更好的教育。

好校长的魅力从哪里来?

一个人来到鹦鹉市场买鹦鹉。在众多的鹦鹉当中,一只鹦鹉的介绍:此鹦鹉会两种语言,售价两百元;另一只鹦鹉的介绍:此鹦鹉会四种语言,售价四百元。两只鹦鹉毛色光艳,非常可爱。

该买哪一只呢?他正在犹豫时,看到一只毛色暗淡的鹦鹉,标价八百元。

这个人叫来店主问道:"这只鹦鹉是不是懂八种语言呢?"

店主说:"不,它只会一种语言。"这个人很不解地问:"它又老又丑又没能力,为什么售价还高呢?"

"因为其他的鹦鹉都信赖并尊重它。"店主说。

人们凭什么信赖并尊重你呢?我以为,一定是因为在你身上有一些有价值的东西感染着大家,有一种看不见的力量在吸引着大家。这些东西是什么?这种力量是什么?那就是魅力。

什么是魅力?魅力是一种内在的吸引力,是一种向外的影响力,是一种人际交往时情绪的扩散与传达,是一种具有威望、慑服、令人敬仰的心理状态的折射与反映。

魅力就是一个人身上所具有的某些"迷人"的特质,这种特质包括教养、言谈、举止、气质,以及由这些所构成的糅合体。

一个校长要有能力,但不一定非要所有能力都具备;一个校长要注重仪表，但不一定非要仪表堂堂。

校长作为"首席老师""老师的老师"，对教师的示范与感召，对工作的落实与推动，对事业的发展与成就，对团队的凝聚与引领，很大程度上取决于校长的魅力。

做人需要魅力，为人师表的教师需要魅力，当好一名校长，更需要魅力。

一个校长在一所学校能否凝聚人心、打开局面；能否对广大师生产生强大的吸引力，形成一股强大的合力；能否让人们心甘情愿地追随；工作，能否达到不令而行，完全取决于校长的魅力。

魅力远胜于权力，魅力永远大于能力。一个优秀的校长应努力修炼自己的魅力。那么，校长的魅力从哪里来呢？

一 ｜ 从强化自己的学识中来

学识既是能力，也是魅力。丰富的学识，扎实的功底，过人的本领，不仅能让工作得心应手，让管理游刃有余，也是征服众人、凝聚人心的力量，更是提升自己魅力的不二法宝。

因此，校长应通过不停的学习，不断丰富自己的认知，不断提高自己的专业水平，不断提升自己的人文素养，不断夯实自己的理论功底，不断增强自己分析问题、解决问题的能力。

二 ｜ 从注重自己的仪表中来

学校是教书育人、传递美好、塑造美好的地方。校长的仪表，是团队文化的代表符号，是对外展示学校形象的名片，也是学校实施美育最真实的课程。很难想象一个校长不修边幅、举止随便，还有什么魅力可言。

元代的许衡说过："衣食以厚民生，礼仪以养其心。"校长在自己的形体、举止、服饰等方面加强修养，实际上是在修养自己的身心、树立自己的外在形象，也是在荡涤自己的灵魂世界。

三 ｜ 从调控自己的情绪中来

人是情绪的产物，人都有情绪，每个人无时无刻不受情绪的影响。积极的情绪感染人，成就人；消极的情绪传染人，颓废人。

校长也是人，也有自己的喜悦、悲伤、厌恶、生气等情绪；但是作为校长不能放纵自己的情绪，不能让情绪像脱缰的野马，恣意妄为。校长应学会调节自己，让自己尽可能拥有一个平和的心境、一种良好的情绪。

一个善于调控自己情绪的校长，就能够做到欢喜而不张狂、悲伤而不消沉、得意而不忘形、失意而不失志，处理任何事情都能够做到有理有利、有节有度。

四 ｜ 从修炼自己的人格中来

国有国格，人有人格。人格是一个人做人的基础，也是一个人行走于世、照亮前行路的灯塔。

决定一个人有无魅力的因素很多，但人格对于一个人，是最重要的部分。一个人有了高尚的人格，就有了巨大而又熠熠生辉的魅力。

校长的人格不仅关乎着自己，也影响着师生的人格，更决定着工作的推动、团队的进取、事业的欣欣向荣。可以说，校长的人格就是矗立的标杆，就是迎风招展的大旗，就是无声的号令、无形的教育。

校长应该从点点滴滴、时时处处中淬炼自己的人品，修炼自己的人格，让自己的人格魅力辉映校园、点亮教育、汇聚成育人树人的巨大力量。

五 │ 从善待自己的下属中来

校长的领导与管理，说到底就是识人、用人、待人。

校长的识人，不仅要知其表，还要晓其里；不仅要察其言，还要观其行；不仅要了解其上，还要掌握其下；不仅要看平常表现，还要清楚关键时刻的表现。

校长的用人，不仅要坚持德才标准，还要公正公道，出以公心；不仅要用人所长，还要用人不疑、疑人不用；不仅要把合适的人放在合适的位置上，还要敢用比自己能力强的人。

校长的待人，不仅要关心人、理解人，还要信任人、尊重人；不仅要关注人文，关切人性，还要关照人本，坚持以人为本；不仅要了解需求，充分调动人的积极性主动性，还要有共情心，将心比心，以心换心，学会换位思考。这一切，既体现着校长的领导艺术与管理智慧，又反映着校长自身的人格品质与魅力。校长在科学地识人、用人、待人中，既能让自己的管理顺风顺水、左右逢源，又能生成自己的魅力。

校长也许没有超凡的能力、没有过人的智慧、没有庞大的资源，但只要有了让人为之倾倒的魅力，便足矣！

莱克斯的"鹿角"与校长的功底

有一个动物学家曾做了这样一个有趣的实验：

他从一个由几头马鹿组成的群体中挑选了一头鹿角发育最差、地位最低的鹿，然后弄来一对又粗又长、又坚硬又漂亮的鹿角，给它装上。鹿角是鹿地位的象征，动物学家以为给鹿装上威猛的假鹿角，其地位自然会从最低者变成最高者。然而同群的马鹿都知道彼此的底细，仍然把它当作弱小者，任意欺凌，它们只尊重和承认那只名叫莱克斯的马鹿。

动物学家叫人把莱克斯的鹿角锯掉，送到"大象公园"和大象一起养起来。在大象公园参观的游客，看到没有鹿角的马鹿，都嘲笑它是怪物。莱克斯对这一切不予理睬，除了进食、睡觉，更多时间用于训练和强大自己。渐渐地，它的新角长起来了，而且身材变得更庞大，体魄变得更雄健。

第二年，动物学家又把它送回马鹿群，在打斗中它展示了自己的才能，又重回了首领的地位。

这的确是一个有趣的试验，也是一个挺有意思的故事。

那头名叫莱克斯的马鹿，能够征服马鹿群，靠的是本领和才能。货真价实的本领与才能才让它立于不可动摇的首领地位，才让马鹿们心悦诚服。而弱小的鹿，即或被装上威猛的假鹿角，看起来可以以假乱真，也仍然不可能得到马鹿群的尊重和承认。

这让我想到了我们的校长。靠什么服众？以什么赢得人心？用什么发号施令？凭什么让教师对你巴心巴肝地追随、死心塌地地服从、心甘情愿地为你工作？我以为，是校长的学识，是校长各方面的能力，是校长过硬的本领，是校长扎实的功底。

作为校长，虽然有组织任命的一纸文件，意味着你担任校长这个职务，在承担责任使命的同时，也还承载着一定的权力因素，但是对于教师来说，这些都不是教师们认可你、佩服你、尊重你、追随你的理由。

教育的专业性很强，教师更是专业水准、专业尊严比较高的群体。他们认可的是校长渊博的学识，佩服的是校长超凡出众的能力，尊重的是校长独领风骚的本领，追随的是校长扎实与深厚的教育功底。

曾看到过这样的校长，在点评老师的课时，不知所云，说不到点子上；在对工作进行谋划时，缺乏远见，也没有系统思维；在开会讲话时，讲到某一点便卡住了，不知下面该说些什么。这一些的原因就在于自己学养不够，内存不足。

对于校长而言，做一个仅有一纸文件的校长，当然挺容易。这样的校长只需墨守成规，按部就班，亦步亦趋中，当一个"传声筒"就行。但这样的校长，老师们知道其"底细"，虽不会"任意欺凌"，但肯定会"瞧不起"的。成为一个被自己的老师们瞧不起的校长，那是身为校长的悲哀。

一个让老师信服的校长，一定是像莱克斯那样，有自己的"鹿角"，有自己深厚的专业素养，有自己扎实的专业功底，有自己由此而树立的专业领导地位。

一个校长有了这些，就有了巨大的力量，它会成为无声的号令、无形的名片，会成为教师们坚实的引导、示范的榜样。

校长的专业素养、专业功底、专业领导地位不是生来即有的，也不是从天上掉下来的；而是像莱克斯那样，"除了进食、睡觉，更多时间用于训练和提升自己"，也就是不断地学习。

学习是终身的事，学习永无止境。校长更需要学习。一个校长只有承认自己需要学习，才有可能不断学习，把学习作为一种生活方式、一种生存必需、一种生命状态。

只有在不断的学习、持续的学习中，才能知不足，才能"为有活水源头来"，才能满怀希望走向未来，才能让自己学识丰富，也才能涵养自己的专业素养、夯实自己的专业功底、享有崇高的专业权威。

古时候，寺庙里的住持在对徒弟传经布道之后，会隐居后院一段时间，日常工作由大徒弟来负责。这段时间，住持便集中心思去修炼，等有了新的收获、新的参悟之后，再给徒弟们传授。

大凡立志做一个让老师信服的校长的人，都应该不断修炼自己，有住持这样的"修炼"之功！

做一个善解人意的校长

日本松下电器总裁松下幸之助，一直被人们尊为"管理之神""经营之神"。

一天，他在一家餐厅招待客人，一行人点了牛排。用完餐客人离去后，松下叫助理把烹制牛排的主厨叫来。主厨知道松下在国内的影响，听到松下叫他过去，显得特别紧张，以为牛排烹调得不好，便战战兢兢地问："松下先生，是不是牛排有什么问题？"

松下很客气地说："你是位很出色的厨师，牛排烹调得很好。我只吃了一半，原因不在你，主要是我的年龄大了，胃口不如从前。我叫你来，是想当面告诉你，我担心你看到只吃了一半的牛排被送回厨房时会难过。"

管理其实很简单，管理就是对人的态度。人是组织中的第一因素，也是决定因素。钞票没有了可以赚回来，机器坏了可以买回来，而如果组织中失去了"人"，那便失去了一切，既赚不回来，也买不回来。

我常说，校长再能干，思想再先进，理念再新颖，如若离开了教师的支持，校长什么都不是。

校长要赢得教师发自内心的认可与支持，仅从权力上去施加影响是不行的；仅用物质去激励，也是有限的；仅从工作、生活上去关心，更是远远不够的。校长还得充分理解教师，站在教师的角度，想他们之所想，急他们之所急。

校长管理的前提是理解。理解就是对人的尊重，对人性的把握，对教师工作情况、现实需求的把控，对他们心理及情绪的变化做到了如指掌、心中有数。

一个善解人意的校长，总能够设身处地为教师着想，总能够做到将心比心、换位思考，总能够想到教师的心坎上去，总能够把关心和体贴如及时雨般播洒在教师的心田。

一个善解人意的校长，总能够让教师享受到家的感觉，总能够使教师感受到亲人般的真切与温暖，总能够让教师免于恐惧、紧张、拘谨以及尴尬或难堪的局面，总能够使教师有一种士为知己者死的情怀，有一种心甘情愿为其工作的豪迈。

其实，调动教师的工作热情往往并不需要花费很大力气，也不需要花很多金钱，有时一个善意的眼神、一句贴心的话语，就可以使教师斗志昂扬、激情四溢。

我想，松下的这种善解人意，会令厨师终身难忘。试想，还有比这"善解人意"更大的力量吗？

善解人意，是一个优秀校长人品、素质的折射，更是一个优秀校长综合素养的反映。

如果一个校长不平易近人，不为他人着想，也不见微知著，他是绝对善"解"不出人意的。

其实，善解人意，按字面意义去理解，不仅仅是揣摩人的心意。"善解"的"善"，不仅仅作"善于"解释，它还包含善心、善念、善良这层意思。善解，首先要"善"字当头，心存善念；在此基础上，才能理解人、体察人，真正做到晓其人心、解其人意。

美国柯维领导培训中心的创始人把管理者的善解人意形象地比喻为在银行建立"感情账户"，它可以储蓄，以备不时之需；而且不断存入，彼此的感情也就在不断深入。

有一位老师告诉我，他前段时间感冒，嗓子发炎，他在教室里陪着孩子自习时，学校校长走过来温和地对他说："去看看医生，看班看学生，我帮你顶着。"他说当他听到校长讲这番话时，心里顿时涌起了一阵暖意，感冒也似乎好多了。

我以为，学校的发展有时候与物质条件好坏的关系并不紧密，只要校长能够善解人意、能够懂教师、能够给教师带去希望，同样可以奏出动人的曲子，完全可以办出孩子们喜欢的学校。

我还以为，教师或许可以承受繁重的工作，但是绝对接受不了精神上的绝望、心理上的彷徨。只要校长与他们的心灵能够相通，校长能够解其之意，信念在、情感在、希望在，一个个平凡的教师就能够在平凡的岗位上，干出超乎想象的不平凡的业绩。

校长的善解人意，既是校长的管理魅力所在，也是校长管理的智慧源泉与境界。

校长需要坚持的五个"不可能"与"可能"

校长，作为一所学校发展的重要因素、关键力量，不是无所不能的，也有很多不可能。但是校长应该从"不可能"中去把握"可能"，坚持"可能"。

一 | 校长不可能办出人人满意的教育，但完全可能办出孩子向往的教育

教育关乎着人，关乎着人的成长，教育是特殊的事业，它与其他行业不同。其他行业或许可以用"满意"与"不满意"做出定性判断。比如到饭店用餐，去宾馆住宿，打出租车去目的地，等等，我们都能直观地做出是否"满意"的评价。而教育绝不是一个简单的"满意""不满意"就能做出评价的。

当下人们对教育往往看重的是分数和升学率，甚至把分数与升学率作为评判对教育是否满意的唯一标准。

孩子天性各异、禀赋不同，有的孩子擅长考试，能获得高分；有的孩子有其他特长，但就是考试不行，没有耀眼的分数。

学校办学条件有差异，生源也不一样，升学率肯定有高低。那些地域优越、资源和生源好的学校，理所当然升学率很高；相应地，那些没生源、少资源的学校，升学率肯定会低很多。

你说，我们的教育能做到人人"满意"吗？校长能办出人人"满意"的教育吗？

如果校长为了追求人人"满意"，那就只能放弃教育规律和孩子的天性，拼死拼活地拼分数。问题是，即使这样也不可能人人考高分，校校有高升学率；到头来，既扭曲了教育，也最终达成不了教育让人人"满意"。

校长虽然不能办出人人"满意"的教育，但我以为，校长完全可以遵循教育规律，捍卫教育良知，做有温度的教育。让孩子多些玩耍，多些调节，多些放松，多些睡眠，多些快乐；让教育少些功利，少些浮躁，少些竞争，少些束缚。这样的教育，即使做不到人人"满意"，也能做到让每个孩子全面发展、健康成长，让教育回归本原、回归人性、回归常识、回到应有的发展轨道与逻辑上。

二 | 校长不可能改变整个教育生态，但完全可能改变一所学校的教育样态

对于当下常常遭人诟病的教育生态，作为一校之长，或许很难甚至根本不可能做到整体改变。但是校长完全可以立足本校，创新教育手段，变革传统教育模式，用心用情引领团队，做真教育，真做教育，把教育做真，让整个校园昂扬着一颗颗自信的头、呈现着一张张欢愉的笑脸、闪现着一双双灵动的眼神、成长着一个个鲜活的生命。

一所学校的教育样态好了，就有了一个教育局部的春天；千万所学校的教育样态好了，就有了千万个教育局部的春天。千千万万个教育局部春天的聚集、汇合、叠加，就有了整个教育的春和景明。

三 ｜ 校长不可能让每一个老师都喜欢读书，
　　 但完全可能创造条件使自己和更多老师坚持不断地阅读

把读书活动作为一件大事来抓，是当下教师发展的一个重要途径，也是改变教育的一个基本抓手，更是校长履职、尽责必须担负的神圣使命。

通过建设书香校园，营造读书氛围，开展读书活动，可以让每一个老师都养成读书的习惯，都自觉地拿起书来读，都把读书视作生命中重要的事情。

教师群体，尽管整体素质较高，但仍然存在差异。有的视读书为一种享受，把读书等同于吃饭、睡觉、穿衣一样不可或缺，而有的老师完全不爱阅读，甚至阅读对他来说是一件痛苦的事。

我以为，校长虽然不可能做到让每一位老师都喜欢读书，但校长完全可能让自己成为一个读者、成为一个真正的悦读人、成为学校的领读者。校长的书柜装着学校的未来，校长的书桌藏着师生的精气神，决定着学校发展的高度，也决定着教师最终会不会都读书。

四 ｜ 校长不可能做到让所有老师都有好的观念，
　　 但完全可能做到让自己具有先进的教育理念

观念新，一新俱新。理念活，一活皆活。

做教育并不由条件好坏、资金多少来决定，而在于教育人有没有观念、有没有好的理念，以及是否能落地。

试想，伟大的人民教育家陶行知先生在晓庄的茅草房里，不是同样办出了朴素教育、平民教育、生活教育了吗？

当下条件这么好，为什么教育问题仍然那么多呢？我觉得，还是缺少应有的观念与理念的支撑。

作为教师，理应有好的教育观念，用好的教育观念面对学生、面对课堂、面对教育教学；作为校长，理应转变教师的教育观念，帮助教师形成好的教育观念。然而，一些教师受传统教育观念影响较深，不少旧的教育观念在固化中根深蒂固，一时半会要全部转变很难，需逐渐改变。

校长，作为学校教育教学的领导者，是教师教育观念的引领者与塑造者、先行者与示范者，校长必须具有先进而科学的办学理念。

我一直坚持，学校办学条件有差异，但是校长追求一流的办学理念却没有先后。一个卓越的校长可以容忍条件与基础、资金与项目上的不足，但绝对不能容忍理念上的陈旧与落后。

五 | 校长不可能把控他人的光阴，但完全可能把住自己的时间

一个人的差距在于对业余时间的利用，人与人的最终差异在于对时间的管理。

对时间的管理，也就是对时间的科学规划，对时间的有效控制，对时间的充分利用。

时间管理的真谛，我以为不是管理时间，而是管理自己，管理自己的人生。大凡有建树者和出类拔萃者，都是时间管理的高手，更是自我人生管理的巨匠。

校长对时间的管理，不外乎团队时间和自己时间两个方面。对团队的时间管理，我们可以做出一些安排和指导，提出相应干预和过问，但最终团队中每一个人的时间却是我们无法完全控制的。

但校长，完全可以把握住自己的时间，可以决定今天做什么、今天不做

什么，可以决定先做哪件事、后做哪件事，可以决定自己是专注于某件要事还是放任自己在各种诱惑与干扰中随波逐流。

这一切都是自己的决定与选择。说到底，这完全取决于校长自己对时间的管理、对自我的管理、对人生的管理，这是任何人都不能干涉和替你做决定的。

明白这五个"不可能"与"可能"，校长就能够知其所为、晓其所不为，就能够开启新征程、迈出新步伐，让教育以新气象走向美好未来！

第三章

好管理带来好发展

好机制胜过好管理

贵州黔西大会，令人向往与期待。会务组提前到贵州黔西准备会务，那几天，黔西教育局把会务组的生活安排在教育局机关食堂。

今年七月秘书处一行到黔西对接会议，会务筹备的那几天，我们在黔西教育局食堂不仅吃到了西南口味的中餐，还品尝到了黔西的地方美食——豆豉火锅。

大家的感觉是黔西教育局食堂办得很有特色，不仅食材新鲜，味道好，而且价格实惠，每餐菜品搭配得也合理。教育局的同志中午一般不回家，都在食堂午餐。他们说，他们每天都期待食堂里的饭菜，这些饭菜总是能够满足他们的味蕾。

民以食为天，兵马未动，粮草先行。一个单位食堂办得好，在创造良好的生活条件和工作环境的同时，既体现一种人性化管理，又让员工有归属感和幸福感。

然而，众口难调，一人难合百人意。办大家满意的食堂，在很多地方，却成了一种奢望。

为什么黔西教育局的食堂办得这么好？黔西教科所孙所长告诉我，他们的食堂没有承包，所有的食材由各科室轮流采购，对食堂师傅只按约定付加工费。这样一来，既堵住了一些漏洞，又让每个员工参与管理，自己的食堂自己办。更重要的是，大家口味怎样，想吃什么，彼此最清楚，因而每个人都能够得到最大化的满足。

从事管理这么多年，我一直以为，机制对于管理太重要了！有一个好机制，就有一个好管理。机制新，一新俱新；机制活，一活皆活。

对于管理，千万不要完全寄希望于人管人。人管人既是靠不住的，也是管不住的，管理靠的是机制。

在管理上，应该建立相应的机制，有了机制，管理上出现的问题就会迎刃而解。可以说，一切管理上的疑难杂症，都可以通过机制来解决。

降落伞厂商不能保证产品合格率100%，军方想了一个办法，在每次交付时随机挑出几件，让厂商试跳——降落伞的合格率一下就变成了100%。

分粥不均是个老大难的事，而明确分粥的人只能最后一个领粥，老大难一下就不难了。

前段时间预制菜进校园，闹得沸沸扬扬，一些人大肆渲染预制菜如何如何好。那好，谁说好谁先吃，谁推荐谁先吃，看你还敢不敢在那里大放厥词。

对于学校管理，又何尝不是呢？

如果一个学校管理层级多，多半会导致组织效率低下、信息不畅，老师们的声音和需求很难直接到达学校的最高层。而且各个部门都有权力召集老师开会，让老师开无关紧要的会，做与教育教学无关的事。导致这种事情发生的原因是这种管理结构支持和鼓励"折腾"老师。但如果建立扁平化管理机制，减少管理层级，让副校级干部直接兼任年级主任，把学校中层作为职能部门而不是管理部门，这些问题有可能便都不是问题了。

有的学校校长在，秩序貌似井然；而一旦校长外出开会办事的时候，学校则乱成"一锅粥"。我以为还是机制问题。如果校长建立一套自主自发、自动自觉的机制，用机制说话，用机制调动每一个人的主动性、积极性和创造性，让机制使每一位教职工都成为学校的主人，校长在和不在将都是一个样。

当下一些学校干群关系紧张，教育需要智慧的力量，也需要和谐的氛围，更需要融洽的人际关系。好的氛围就可能带来好的发展，好的关系可能推进好的教育；如果都是尴尬的氛围与关系，则很难有好的学校发展、好的教育出现。

如果我们能够建立起一种教职工信任投票机制——校长若达不到规定的信任率，校长必须自动辞职。我相信，校长会主动接近教职工，主动反思自己的管理行为，主动架构一个稳定而温暖的团队系统，让良好的氛围与温润的关系为学校发展服务。

我过去从事区域教育管理，完全是依靠机制进行管理，应该说建立与完善了一系列机制，诸如良性竞争机制、综合评价机制、选人用人机制、系统监督机制等，以机制确保一个系统的有序、有效运转。

机制不好，可以使勤奋人变成懒人；机制好，可以使懒人变成勤奋人。甚至一个好机制，可以使坏人变成好人；一个不好的机制，可以使好人变成坏人。

对于学校管理，校长最重要的工作就是建立机制、完善机制、创新机制。用机制进行管理，用机制引领学校发展，应该成为现代学校管理的核心要义与主题。

"一切责任在我"的管理智慧

在教育教学质量分析会上，面对不理想的教育质量，校长在那里歇斯底里地大吼："就这样的成绩，你们一个个还好意思拿出来？你们太令我失望了，你们也太不争气了，你们太不配做这个学校的老师了！我丑话说在前，下一个阶段，如若成绩还提不起来，你们自己想办法走人。"

这个时候，下面有老师嘀咕道："哼，又不是哪一个老师的质量出了问题，而是整个学校的教育教学质量都不行。到时候，有可能走的不是老师，而应该是你校长。"

对于质量上的一时不如意，即使全部属于老师的责任，校长不分青红皂白地胡乱呵斥，这既不解决问题，又只会带来双方的隔阂，以致人心涣散。更何况有时还不一定全是老师的责任，或许有多方面的原因。如果学校管理者完全甩锅，把责任一股脑儿全甩给老师，会在引来老师不满的同时，让学校管理者威信扫地、失去老师的支持与信任。

面对不如意的质量，或工作上的失误，学校管理者能够平心静气地与老师交流，找原因，想办法，寻对策，那才不失为智慧之举，那一定比歇斯底里的大吼有效果。

如果学校管理者能够主动承担责任，来上一句"一切责任在我"，则更能显出领导风范。责任承担往往胜过千言万语，它犹如春风拂面，恰似一股甘泉滋润心田，让老师对学校管理者敬佩有加，而自己则更会主动反思，切实改进，为学校发展竭尽全力。

著名的橄榄球教练保罗·贝尔在谈到他的队伍获胜之法时说："如果有什么事办糟了，那一定是我做的；如果有什么事做得很好，那么一定是球员做的。这就是使球员为你赢得比赛的所有秘诀。"

无独有偶，已故的阿拉巴马足球队教练贝尔·布莱恩，他也用类似于保罗·贝尔的处事方式激励球员，那就是三个简单的原则：1.如果事情的结果很糟糕，那是我的错；2.如果事情的结果还不错，那是我们一起完成的；3.如果事情的结果很棒，那是你们完成的。

作为一个学校的管理者，勇于承担责任，是一种可贵的品质，更是一种难得的领导艺术。

根据我的判断，教师评价学校管理者，往往更多关注的是他有没有担当精神。这种担当精神，除了对学校发展的担当，还有一个重要方面，那就是学校管理者有没有为下属承担责任的担当。

学校管理者有为下属承担责任的担当，不仅会让教师觉得值得信赖，而且会让教师有安全感、归属感，并在工作中积极创新、不断探索、主动担责。而这一切，恰恰是一个教师最优秀的品质。

然而在现实生活中，一些学校管理者，有荣誉、有利益就争着上，有成绩就据为己有；而在麻烦与工作失误面前，却一个劲地往老师那儿推，巴不得推得一干二净，生怕自己沾上了一点。更有甚者，不但不为下属承担责任，相反，在自己本应承担的责任面前，也要千方百计完全推给下属，推给教师。这确实为人所不齿。

教师的眼睛是雪亮的，这样的学校管理者，老师们会看得一清二楚、明明白白，他们打心眼儿里是瞧不起的，也绝对不会追随。

但我也的确见过这样的学校管理者——他们不但不会把自己的责任推给

下属，就是下属有什么闪失，哪怕是犯了错误，关键时他都会主动承担下来——哪怕丢掉帽子。这样宽广的胸怀，敢于承担的精神，折射的是管理者熠熠生辉的人格魅力，彰显的是学校发展源源不断的力量。

一个学校有了这样的管理者，是老师们的幸事，也是学校的幸事。期待新时代能多一些这样的学校管理者！

天堂鸟的这种竞争是美妙、优雅的，是和平、和谐的，希望能给我们的学校管理者一些思考与启示。

在学校管理上回避道德问题，纵容不道德的行为，不仅会有损事业，而且会危害自身。

德为立教之本，道德更是学校管理之基。

先圣孔子说："为政以德，譬如北辰，居其所而众星共之。"说明为政之道在于德。

一个不善于运用道德力量的学校管理者，很难担当现代学校管理的时代重任。

善于应对"小报告"

武则天信奉佛教，为了表现放生的美德，她禁止老百姓宰杀牲畜，全国上下一起吃素。有些人不习惯，就想偷偷搞点肉吃。

一天，有一个叫张德的官吏家里添了儿子，便在家里宰羊办酒席。好长时间没吃肉了，大伙儿吃得很开心。

前来赴宴的宾客中有个叫杜肃的，心术历来不正，他在吃羊肉的时候，偷偷地藏了一块羊肉在袖子里，然后送到武则天那里。

第二天上朝，武则天问张德："听说你喜得贵子，在家里办酒席，不知从哪里弄来的羊肉？"张德赶忙说明原委，叩头请罪。

武则天说："我虽然颁布法令，全国上下禁止随意屠宰，但家里有红白喜事除外。今后在家里办这种事，在选择客人上，你可要慎之又慎啊！"说完便把杜肃呈的黑状交给了张德。

以贺客身份出现，吃了主人羊肉还偷羊肉举报，在武则天那里打小报告告主人宰羊的杜肃，当时十分尴尬。他的行为也让满朝文武知道了他是怎样的一个人。

人上一百，形形色色。在一个团队，总有这样一些"人"爱打小报告，以此贬低别人抬高自己，以达到个人目的。

如果管理者不注意观察，不仔细识别，很可能被这样的"人"所蒙蔽与利用。

如果管理者不及时制止，让这种风气在团队中蔓延，形成一种打小报告文化，让那些干事者受到陷害，让那些告密者、坏事者、心术不正者阴谋得逞，可以想象，在这样的环境与氛围中不会有什么正义与正气、积极性与创造性，可能也少有同志之间的光明磊落与肝胆相照可言。

干事者尽心尽力却落得被排挤与不被信任的下场，怎会不让人丧失热情、心寒意冷？

对于一个团队，到头来，这最终阻碍的是发展。

孔子说："恶利口之覆邦家者。"

身为管理者，就一定要明白，在我们的身边，总有一些喜欢说长道短、搬弄是非的人；也一定要清楚，在自己的周围，有可能随时都充斥着大量的谎言、谗言。对那些喜欢说长道短、搬弄是非的人，我们应该多一个心眼，保持高度警惕，善于识别企图与用意；对那些谎言、谗言，我们应该练就一双"火眼金睛"，善于甄别，不要盲目轻信、偏听偏信。

在精明睿智的管理者面前，那些爱打小报告、爱告黑状的人是没有市场的。

学校作为一个团队，承担着教书育人的神圣使命，这里本应该是纯粹与美好的，然而有的学校管理者在处理下属打小报告上，态度暧昧，让暧昧成为一种支持、一种纵容，以至于让一些人投其所好。

作为一个成熟的学校管理者，处理下属打小报告时，一方面，他会认真了解下属打小报告的原因，是下属感到不被尊重或不满意某个同事的工作表现，还是别有用心。对于前者，他会与下属进行一对一的谈话，询问他们的看法和感受，听取他们的意见和建议。对于后者，他会及时提出批评和建议，帮助他们意识到打小报告的不好与危害。另一方面，他会建立一个开放而透明的沟通渠道与机制，让下属感到他们可以直接与管理者交流问题，而不是通过打小报告来解决。同时他还会积极营造团结互助、相互支持、同心同力的团队氛围，鼓励团队成员之间的合作赞扬和相互成就，从而减少下属打小报告的动机。

一所学校有了这样的管理者，才是团队之福、教育之福！

把合适的人放在合适的位置上

管理其实很简单，说到底，就是"人"的管理。

对"人"的管理，不外乎两个方面：一个方面，是把人当作人，让人享受人的待遇与尊严，管理者要力求做到眼中有人、心中有人、事中有人。另一个方面，就是如何用好人，如何把合适的人放在合适的位置上。

很久以前，弥勒佛和韦陀分别掌管不同的庙宇。

弥勒佛随时面带笑容、平易近人，前来膜拜的人很多。但弥勒佛却有些大大咧咧，经常丢三落四，尽管香火很旺，由于疏于管理，庙里还是入不敷出。

韦陀神情严肃，成天板着面孔，让人轻易不敢接近，膜拜的人越来越少。但韦陀佛却精打细算，考虑周密，长于管理。

佛祖了解到他们的情况后，便把他们调配在同一座庙里，由弥勒佛迎接客人，让韦陀管理财会、料理政务。

这样一来，庙里香火更旺了，秩序也更为井然。

今天，凡去过寺庙的人都知道，一进庙门首先看到的是弥勒佛笑脸迎客，而在他的背面，则是韦陀。

大千世界，人与人不同，每个人都各具特色，各有优缺点。但在大师的眼里，每个人都是人才，都是不可复制的孤本。

这个世界没有无用之人，关键看如何做到知人善任。

"知人"就是要识人，要了解一个人的长处，知晓一个人的能力，研判一个人的人品，洞察一个人的潜质。要做到这一点，就要善于观其言、察其行、辨其求。

三国时期的诸葛亮善于知人，他提出的"知人"方法就是在当今，对于管理者来说也很有启发。

他的方法是：问之以是非，而观其态；穷之以辞辩，而观其变；咨之以计谋，而观其识；告之以祸难，而观其勇；醉之以酒，而观其性；临之以利，而观其廉；期之以事，而观其信。

"善任"，就是要用其所长，避其所短，根据一个人的特长来安排适宜的工作岗位，给予相应的平台。

管理者要做到善任，就要有接纳万物、容人之短的雅量，大公无私、客观公正的风范，慧眼识才、良莠善分的眼力。

知人善任，知人，是前提，是基础；善任，是目标，是努力的方向。

《孙子兵法》云："故善战者，求之于势也，不责于人，故能择人而任势。"

清代人顾嗣协有首《杂兴》诗："骏马能历险，犁田不如牛。坚车能载重，渡河不如舟。舍长以就短，智者难为谋。生才贵适用，慎勿多苛求。"这首诗讲的就是用人要因材而用的道理。

韦尔奇曾说："让合适的人做合适的事，这比开发一项新战略更重要。"我以为，把合适的人放到合适的位置上，这既是一门管理艺术，又是一种体现管理者水平的重要能力。

能够做到知人善任，让合适的人做合适的事，实现人与事的最佳配置，才有可能让一个人干得最好，把自己的作用和能力全部发挥出来，从而实现人生最大的价值，创造出工作最佳的业绩。

有这样一则寓言。百兽之王的老虎，他要臣民为他找吃的，于是命令鸭子上树采野果，硬叫猴子蹲在草丛中下蛋。结果鸭子被勉强赶上树，却重重地摔到地上，猴子脸憋得通红，却连半个蛋都没下出来。老虎气得暴跳如雷，发誓要拍死猴子、活吞鸭子。

读罢这则寓言，你不觉得在现代管理中，犯类似用人错误的人，不是大有人在吗？

因此，管理者一定要知晓每一个人，认清每一个人，并给他们分配合适的任务，把他们放在合适的位置上，否则就会像老虎一样愚蠢。

还有一则《西邻五子》的故事，说的是西邻有五个儿子，五人中除了一个朴实，一个聪明外，其余三个，一个是盲人、一个腿有残疾、一个是驼背。

西邻叫朴实的种田，聪明的经商，盲者算卦，腿有残疾的搓麻，驼背纺线。由于分配得合适、恰当，五人均衣食无忧。西邻"知孩子善任孩子"的智慧，由此可见一斑。

学校就像一个舞台，学校管理者就是导演，优秀的导演总会根据每个角色的特点，选择最适合的演员出演。

学校的有效管理，就是学校管理者能够识人用人、知人善任，把学校每一个人放在合适的位置上，让其各尽其才，在适合的岗位上尽心尽力、全力以赴，为学校的发展做出最大的努力和贡献。

"把合适的人放在合适的位置上"，这不仅适用于对教职工的管理，也同样适用于对孩子的教育。

孩子个性和天赋各异，我们对孩子的教育不应该千篇一律、一把尺子量到底，而应该因人而异，因材施教，给每个孩子搭建不同的成长平台，让每个孩子在适合他的平台上，翩然起舞，放飞梦想，让每一个生命都能够有枝可依，从而绽放出人生的异彩。

不管是教师，还是学生，其实每一个人都拥有一座待开发的金矿，只待我们怎样去开采、去挖掘。只有用对了方法，用在了合适的位置，发挥了每个人的特长，才会有好的管理与教育！

第四章

让教育真实发生

教育呼唤朴素

我一直坚信，这个世界上大凡美好而恒久的东西，都是朴素的。

家常饭菜最可口，纯棉衣服最爽身，朴实话语最暖心，无华情感最动人。

对于教育，简简单单、宁宁静静、自自然然、朴朴素素，则更持续、更有味道、更有力量。

这些年，我坚持教育的返璞归真、抱璞守素，极力主张和倡导教育的朴素，也把朴素的教育作为一种践行的基本理念，曾经在一个区域不遗余力地推进。现在又在行走中竭尽全力四处传播。但反观当下的教育，却充满浮华、浮躁，让教育没有了应有的质朴、本色、素净，也让教育失去了应有的光鲜、魅力与美好。

校园文化应该是朴素的，应该是因陋就简、就地取材、变废为宝，靠师生动手，用自己的智慧与作品装点校园，让校园的一墙一壁、一楼一道、一砖一瓦、一草一木都有文化的意蕴、文化的呈现，都被烙上文化的符号与印记。

然而现在的一些校园文化却沦为了形式的文化，满校园的喷绘，高大上的盆景、雕塑，流光溢彩的大屏、霓虹灯，应接不暇的美化、装饰、陈设……

常态的课堂应该是朴素的，朴素的课堂最真实，最接地气，最耐人寻味，最经久不衰。

回想我们那个时候上学的课堂，没有电子白板，没有多媒体，一块小黑板，一根小教鞭，几支小粉笔，一张小讲桌，老师在课堂上娓娓道来，孩子们扬着小脑袋听了还想听。老师那漂亮的板书，优雅的教态，祥和的表情，妙趣的语言，一切都是那样自然，没有半点造作。朴素的课堂给了我们陪伴一生的东西。然而现在很多的课堂，热热闹闹，嘈嘈杂杂，让人眼花缭乱，头昏脑涨……

教育的表达应该是朴素的。你看，孔老夫子关于"教"，就那么十六个字：有教无类，因材施教，寓教于乐，教学相长。关于"学"，也就十六个字：学以致用，学而时习，循序渐进，持之以恒。多么朴实无华，醇厚留香。陶行知先生的生活即教育，社会即学校，教学做合一，多么简洁明了，笃实淳朴。就在这朴素的表达背后，却字字珠玑、句句锦绣。

然而现在对教育的表达，却极尽粉饰、百般雕琢。什么微格化，什么翻转课堂，什么大单元教学，还有什么大概念、大任务、大情景，一天一个花样，两天一个提法，三天弄一些新名词，四天变一些新招数，在反复的折腾中让老师们不知所云、无所适从，弄得本来会上课的老师都不会上课了。

我站过十多年讲台，从事区域教育管理多年，我喜欢听课琢磨课，直到现在我也在关注课堂、研究课堂。我在想，如果让我一味陷入玩概念和只停留于这些学术表达的怪圈，我可能都不知道该怎样站上讲台，该怎样上课了。

学习的课程应该是朴素的。过去的学习，就是简单的几门课程，孩子们快快乐乐上学去，高高兴兴放学回家，路上欢歌笑语，掏鸟窝，拼火仗，下河捉鱼摸虾，回家割草放牛，帮父母干农活儿。那个时候，学习是轻松的，童年也是快乐而幸福的。然而现在的课程却五花八门，沉重的书包已快压弯了孩子们的脊骨，快要压垮孩子们的精神世界了。不仅如此，还有名目繁多的东西等着进校园，形形色色的名目被装进课程。校园只有这么大，装得下吗？孩子们的脑袋只有这么小，容得了吗？

校园生活应该是朴素的。曾几何时，校园是孩子们快乐的学园，幸福成长的乐园，放飞身心的家园。下课铃声响了，孩子们像快乐的鸟儿飞出教室，可以尽情地嬉戏玩耍，尽情地享受课间十分钟。孩子们在盼望的体育课上也可以在操场上自由地打球，自由地奔跑运动。孩子们在学校的时间不长，课余生活也很丰富，他们可以在各种喜欢的活动中释放天性，凸显个性。而现在孩子们课间的十分钟，在一些学校居然成了珍稀品，甚至在一些学校已基本上没有了。体育课因为对抗性强，害怕出安全事故，而被体育老师上成讲解体育知识的室内课了。孩子们从一大早到校，到晚上六七点回家，十几个小时的在校时间已让他们疲惫不堪了，回到家还要刷题、写没完没了的作业，哪怕耷拉着眼皮也必须强撑着。

教育的关系也应该是朴素的。好的关系就是好的教育、好的生态，教育的关系好了，教育就好了；教育的关系乱了，教育的一切就乱了。

曾经的教育关系，不管是师生关系、生生关系还是家校关系，都很好。师生融洽温润，生生互帮互学、团结互助，家校更是彼此尊重、善于沟通。然而现在的师生关系却变得很紧张。不亲其师，怎么信其道？生生关系也是恶性竞争，缺乏合作。家校关系更是难以协同，居然有家长会因为一句话、一件小事而大闹校园，大打出手。

就连曾经上学的愿望都是朴素的。"成龙上天，成蛇钻草。""读到哪儿，就送到哪儿。"……这是那时候父母的口头禅，语言虽实在，却蕴涵着丰富的教育哲学——顺其自然，不苛求，不强求，不急功近利。然而现在的父母却不论天资条件，不讲个性禀赋，让孩子追高分、上名校……让教育特别内卷。

思来想去，还是教育在离朴素的道路上走得太远，让教育迷茫与迷失在浮躁、喧嚣、功利的丛林中。

回归教育本真，回归教育的美好，我以为，还得呼唤教育的朴素！

多些"道心"做教育

一直有一个习惯，睡觉前总会靠在床头翻翻书。前两天无意中翻到《鬼谷子》。

鬼谷子，两千多年来，兵法家尊他为圣人，纵横家尊他为始祖，算命占卜的尊他为祖师爷，道教则将他与老子同列，尊为王禅老祖。

在他的著作中，看到"机心"与"道心"之论，顿受感悟与启发。所谓"机心"，指一个人处理事务的方式以利益至上、有伪的成分，也就是过于功利化、虚伪化与物化。何谓"道心"，就是顺应自然的规律，培植悲天悯人的优雅情怀。

机心是术，做人机心过重，若无道心统御，术越高，行越偏，到头来不仅难成大器，只怕想保自身，也是难得。世上多少人沉迷于机心，祸及自身，殃及他人。

由此想到当下的教育，又何尝不是因"机心"使然、因"机心"过重，而乱象丛生呢？

纵观当下教育，对分数的过于追逐，使得整个社会都陷入应试教育的怪圈，让"考试"由"手段"变为了"目的"。"分数"由一个简单的数字变为教育的标准。

人为为"伪"，凡是人们所刻意与过度追求的东西一定是"伪"的。对分数的过度追求，由此所带来的不仅是教育的功利化、浮躁化，更让教育失去了本真，失去了宁静，失去了从容，失去了人文。

做人应遵从"道心"，做教育更应多一些"道心"。

这"道"，就是尊重规律之道。我以为，无论时代怎样变迁，无论社会怎样发展，无论理念怎样创新，教育最为重要的就是尊重规律——尊重孩子成长的规律，尊重教育发展的规律。

遵"道"而为，守"道"而行，循"道"而做，把每一项常规教育做好，就是好的教育，就有好的教育，就能够培养出品质优良、身心健康、向上向善的公民。

这"道"，就是回归常识之道。何谓常识？顾名思义，就是大家都知道、都明白、都习以为常的道理。也就是教育的基本知识，对教育的基本认知，一个教育者所必须身体力行的最基本的东西。

想想这些年教育发展中的很多问题，我以为无不是常识的缺失，无不是与常识的背道而驰，无不是在常识面前常常以教育的名义，干着许多违背教育常识的事。

当下教育要正本清源，就是要回归教育常识，把常识性的东西还给学生，还给教育，让学生过上一种快乐而幸福的学习生活，让教育充满美好，富有理性和智慧。

这"道"，就是坚守自然之道。"人法地，地法天，天法道，道法自然。"

道法自然，就是教育要顺其自然，也就是要顺应教育的自然发展方向，不苛求、不强作、不妄为。

大家所熟知的老农种庄稼，只需给种子提供适宜的土壤、水分、养料、阳光、温度、空气，庄稼便自然而然地生长。

"寻常岂借栽培力，自得天机自长成。"顺其自然的教育，同样只需给孩子成长提供相应的环境和条件，包括"适宜的土壤、水分、养料、阳光、温度、空气"，激发孩子的内生力，让每一个鲜活的生命，自由、自主地生长，而不是代替成长。

这"道"，就是呵护天性之道。植物有属性，万物有本性，每个孩子都有他独特的个性。每个孩子都是不一样的，都是不可复制的孤本，都有无限的可能性和属于他自己的内在使命。教育的全部秘密，就是呵护好孩子可贵的天性，保护好孩子宝贵的个性，不泯灭他们的天性，不磨灭他们的个性，使孩子的童真、勇气、好奇心、求知欲、想象力、创造品质等"自我"的东西不被压抑，不受伤害，能得到充分释放与彰显，避免一心把孩子雕琢成自己希望的模样，塑造成同一张面孔。

禅宗五祖弘忍告诫弟子要"看住自家心"，就是提醒他们不要坠入执着与妄想之中。教育者要"看住自家心"，就要拥有"道心"，用"道心"做教育。教育多些"道心"，就多一些希望，多一份美好！

教育的幸福从哪里来?

幸福是人类永恒的主题。教育是幸福的事业,幸福是教育的基本要义。教育需要幸福,教育离不开幸福,教育应该追寻幸福。

教育一旦沦为一种苦役,就没有了它的温度,没有了它的美好,没有了它产生的憧憬与向往,教育也就失去了幸福。

教育的幸福不是子虚乌有,也不是空穴来风,教育的幸福来自现实的教育与教育的现实。

一 ┃ 从校园文化的积淀中来

校园文化是校园的灵魂,是校园的精神支撑,是形成共同价值取向的链接与纽带。

我始终认为,校园不一定要有高楼,不一定要有宽阔的运动场,不一定要有先进的设施设备,但一定要有文化。没有文化的校园,如同没有文化的人一样,那真是一件十分可怕的事。

一个有文化的校园,一定是一个幸福的校园;一个文化弥漫的学校,哪怕再偏僻,其他条件再差,一定是一个幸福满满、幸福荡漾的学校。

如果一所学校,只是砖瓦、钢筋水泥的堆砌,哪怕高楼林立,硬件再好,也很难与幸福联系起来。

其实，学校的一墙一壁、一砖一瓦、一草一木、一廊一道都蕴藏着教育要素，都是可被利用的教育资源；教室、寝室、食堂、厕所、围墙、天花板，都可成为表达文化的载体，都可以注入文化的基因，赋予文化的元素；门板画、笑脸墙、植物壁、节日庆典、农耕文化等，都可点亮师生的精神世界、书写教育的感动与传奇。

二 | 从书香阅读的涵养中来

阅读，是最廉价的教育投资，也是改变孩子、改变教育、让教育变得相对公平的最佳路径。

一个阅读氛围浓厚的校园，哪怕地处僻远，它也会充盈着幸福；一所书香四溢的学校，即使校舍再简陋，它也可能成为孩子们喜欢的学校。

书在阅读使用中才有意义，要把长期封禁在图书室里的书"请"出来，使书漂流在校园各个区位和角落，让书成为校园最廉价的资源，随时随地与师生相遇；阅读需要氛围，通过创建一个温馨舒适的阅读环境，增强阅读的兴致、激发阅读的兴趣；阅读更需要引领，通过开展奖书赠书、经典诵读、师生共读、读书论坛、读书沙龙等一系列活动，评选表彰"读书人物""书香班级""书香寝室""书香门第"，让阅读走进师生、走进家庭、走向社会，让书香滋养孩子的精神发育，让阅读成为教师自我成长的最好方式。

一个校园书香味浓了，一所学校师生阅读习惯养成了，校园就有了不一样的感觉，学校就有了不一样的生机，师生就有了不一样的精气神，教育就有了不一样的幸福状态。

三 ｜ 从有效课堂的生成中来

课堂是教育的主阵地，是教育发生的主现场，是教育发展的核心地带，也是教育是否幸福的关键所在。

课堂一端连接学生，一端连接着教育的幸福。教育只有让课堂变得有用、有趣、有效起来，才能让教育的本身幸福起来。

很难想象，一个把孩子作为知识的容器，进行强行灌输的课堂，一个只有服从，没有良好师生关系的课堂，一个只关注分数的课堂，会带来教育的幸福。

变革传统课堂，突出学生主体地位，把课堂还给学生；突出问题导向，把思考交给学生；突出情境体验，把教室门、校门打开，让学生在课堂上品尝到学习的愉悦、成长的快乐，才有可能让师生过上幸福的教育生活，享受到真正意义上的教育幸福。

四 ｜ 从卓越课程的研发中来

课程是学校教育的引擎，是教育特色的标志，更是幸福教育的载体。

课程应该具有多样性、选择性和丰富性。作为国家课程的教材，再好也不一定适合每一个学生，就像一双价格不菲的皮鞋，不一定适合每双脚一样。

一所学校没有卓越的课程，只有统一的教材；教师缺乏对教材有效的二次开发和适度的整合创造，只是一味地照本宣科；学生缺乏相应的认知体验，木讷接受；知识也缺乏生命的温度和生活的厚度，只是简单地罗列、枯燥地呈现；课堂缺乏合作探究，让美好事物无法汇聚，只是寂寥无声，死气沉沉，这哪里还有教育的幸福可言？

教育的幸福必须建构在做适合孩子的教育上。做适合孩子的教育，必须有适合他们的课程。立足国家课程拓展、地方课程实施，积极研发孩子们成长需要的校本特色课程，包括各种微课程，这既是教师的使命与成长的历练，又是教育幸福取之不尽的汩汩源泉。

五 │ 从社团活动的架构中来

没有活动，就没有教育；没有丰富多彩的社团活动，就没有幸福的教育。

为什么一些孩子厌学弃学？因为他们不擅长考试，在注重考试与分数的教育中找不到自信与快乐。而给孩子们架构他们喜欢的社团，无异于给了孩子们个性化展示的平台，给了孩子们激发兴趣、彰显天赋的舞台。

孩子们在参与兴趣盎然的社团活动中，找到了同伴，找到了爱上学校与学习的理由，找到了校园生活的快乐与幸福。老师们也在对活动的组织与参与、指导与投入中，涵养了童心，收获了童真、童稚、童趣，更寻觅到了职业莫大的尊严与幸福。

我在想，一方教育，一所学校，如果没有架构出寓教于乐的社团，怎会有师生的幸福，哪会有教育的幸福？

六 │ 从教育规律的遵循中来

教育的幸福一定来源于有规律的教育。

有规律的教育是回归常识的教育，是富有人性的教育，是具有温度的教育，是把孩子当孩子的教育，是对孩子未来人生负责的教育，是对孩子终身幸福奠基的教育。

有规律的教育不会功利，不会短视，不会急于求成，不会一味拼分数、

拼时间，不会把学校办成应试工厂，不会把学生当作一个个需要加工锻造的螺丝帽，不会把教育异化成只有应试。

有规律的教育它会让孩子睡眠充足、多些放松、多些闲暇、多些调节、多些解放，让孩子免于恐惧、过度学习、恶性竞争，而且会把快乐还给孩子，把童年还给孩子。

有规律的教育会让教师尽情地放飞教育梦想，尽兴地演绎教育人生，尽力地诠释教育的美好，在过一种富有创造性的有意义的教育生活中，远离职业倦怠，享受幸福教育人生。

有规律的教育会让教育荡漾幸福，让教育成为幸福的"蜜奶罐"，让幸福的子弹在教育的苍穹"飞"，让教育的幸福辉映教育的天空，滋润万千师生！

那些违背规律的教育，只会导致良序的破坏，导致教育乱象的丛生，让孩子们苦不堪言，让教师无所适从、身心俱疲，让教学演变成单调重复的体力劳动，让教育失去应有的幸福，让教育在反教育的路上越走越远。

七 ｜ 从教师持续的幸福中来

复兴始于教师，教育的幸福亦始于教师。站在讲台的那个人，既决定着教室的温度，又决定着教育的品质，更决定着教育的幸福。

发展教育，必先发展教师。幸福教育，必先幸福教师。

因为教师是人，不是神，教师要生活，要生存，要过日子，要养家糊口，教师需要幸福。

因为教师传道解惑授业，教师是园丁、是船工、是铺路石、是灵魂的工程师、是太阳底下最光辉的职业。教师职业神圣，责任重大，使命崇高，教师应该幸福。

因为没有教师的幸福，就没有孩子的幸福，就没有校长的幸福，就没有教育生活的幸福，更没有教育的幸福，教师必须幸福。

教师的幸福，除了来源于教师对职业的认知与认同，对内心的宁静与从容，对孩子的眷恋与爱护，对教育的执着与投入，对良知的考量与坚守，对自我价值的追求与实现。更重要的是社会各界，包括各级教育主管部门以及学校，对教师人本的信任与理解、人文的善待与尊重、人性的关切与关照、人格尊严的维护与捍卫、对教师专业成长平台的提供与搭建。

让教师成为令人羡慕的职业，让教师享受到职业应有的尊严与幸福，教师们才会扎根教育、爱岗敬业、静心教书、潜心育人，才会不遗余力做出幸福的教育。教师的幸福才是教育幸福的根本与逻辑起点。

在这几个方面做出努力，就有了幸福的教育和教育的幸福！

食堂应该比课堂重要

学生的学习主要在课堂发生，课堂是学习的主阵地，也是教育的主战场。正因为课堂的重要，人们对课堂十分关注，对课堂的有效与高效更是不遗余力。

学校的食堂，是学生生活的重要场所，也是重要的育人场所。民以食为天，关乎孩子们食的食堂，理应在学校中占有重要地位。然而需警惕的是，在一些地方和学校食堂却不太被重视。

课堂让学生获得科学文化知识，掌握关键能力，涵育核心素养；而食堂，则是通过合理的膳食、健康的饮食，让学生拥有健康的身体。

从这个意义上讲，食堂应该比课堂得到更多的重视。

伟大的人民教育家陶行知先生曾说："康健是生活的出发点，亦就是学校教育的出发点。学问、道德应当有一个活泼稳固的基础，这基础就是康健。"他还主张，"办学校是要从厨房、饭厅办起的。"

过去我从事区域教育管理，就很看重学校的食堂。除了从硬件上广泛争取资金和项目，建设或者利用现有校舍改建标准食堂，还从软件上，引领师生自己动手，因陋就简。关键的是，学校的食堂还可以由此获得绿色、廉价、放心的食材。就地取材，创建丰富多彩的食堂文化，让食堂不仅是吃饭的地方，而且成为一道亮丽的文化风景。

更为重要的是，我们动员学校建劳动实践基地，有的租种老百姓的撂荒地，有的开垦校园边角地块，有的把学校废弃的操场改造成菜地，有的利用废旧花盆、塑料储物筐填土作为菜园，还有的学校建有蘑菇房、豆芽房、小饲养场。孩子们利用劳动课及休息时间种菜、种蘑菇、育豆芽、养猪、养鸡……

有效的劳动教育与生活教育，既培养了孩子们热爱劳动的品质和对土地、对生活、对农村的情感，又让教育特别是乡村教育有了乡村的味道、乡土的气息，能够为孩子们留下乡音、记住乡愁、扎下乡根。

当时，区域内的学校全是寄宿制，学生一日三餐都在食堂，没有教师食堂和学生食堂之分，师生共用一个食堂，师生同吃一锅饭菜。我从事区域教育管理十多年时间，到学校去，从不打招呼，从不到外面餐馆吃饭，一直坚持在学校食堂就餐，师生吃什么，我们就吃什么。一碗饭，加上盖在饭上的一勺热气腾腾的菜，吃完之后再喝一碗漂点葱花的醋汤，那简直是美味。

这种美味，不仅来自朴素的饭菜的味道，更来自与师生边吃饭边闲聊的那种彼此融洽、互相信任的氛围。

我在区域内做的是朴素而幸福的教育。朴素是我们践行的理念，包括朴素的课堂、朴素的课程、朴素的校园文化、朴素的饭菜等。幸福是我们追寻的目标，包括教育幸福、师生学习幸福、师生生活幸福。

那时候的学校食堂，给师生提供的朴素而新鲜的饭菜，为区域教育的幸福，为师生的幸福生活，给予了强而有力的支撑和生动的演绎与诠释。

现在在全国各地为教育而行走，我发现，大凡学校有一个好食堂，就有一个好课堂，就有一所好学校，也就有一方好教育，更有一种师生昂扬的精神风貌以及幸福的教育生活。

学校是育人的地方，但育人的场所不应局限于课堂，学校的食堂更应当发挥育人的功能，成为育人的阵地，肩负育人的使命。

如果学校的食堂也被浮躁与功利占领了，让孩子们吃不到一口新鲜饭菜，还有教育良心吗？教育能好得起来吗？

　　学校的食堂，能让孩子们从中体会到家的贴心与温暖，能让家长们感受到一份放心与踏实，应该成为办孩子们喜欢的学校的一个重要取向！

教育究竟是为了什么？

江苏宿迁，一场突如其来的车祸夺走了一个十岁男孩母亲的生命。在火化的当天，众多亲朋好友都陷入深深的哀伤中。然而，这个十岁的男孩，却把课本摊在腿上，认真地做着数学习题。小孩说："妈妈在世的时候，每天都让我好好学习。"

很多人在给这个小男孩点赞，说这个小孩失去了母亲，在如此悲伤的时刻竟然还能淡定自若地集中精力学习，他的这种坚强与勤奋好学的精神，令人敬佩，值得学习。而且还说这个小男孩今后必定学有大成、前途无量，让九泉之下的妈妈都为之自豪与骄傲。

我却不敢苟同！我以为，人性中最重要的是悲悯之心、恻隐之心，是对生命的尊重、对情谊的珍惜。

教育是对人的灵魂的教育，而非单纯知识的堆积。

教育最终传递的是生命的气息，教育的最大价值是让人成人——成为一个富有人性的人，是培养出"面对一丛野菊花而怦然心动""在乎沙滩上每一条小鱼的生命"的人。

一位纳粹集中营的幸存者，当上了美国一所中学的校长。

每当一位新教师来到学校，他就会交给那位教师一封信，信中写道：

亲爱的老师，我亲眼看到人类不应该见到的情景：毒气室由学有专长的工程师建造，儿童被学识渊博的医生毒死，幼儿被训练有素的护士杀害。

看到这一切，我怀疑：教育究竟是为了什么？

我的请求是：请你帮助学生成长为有人性的人。只有使我们的孩子在成长为有人性的人的情况下，读写算的能力才有价值。

是的，"只有使我们的孩子在成长为有人性的人的情况下"，分数才有价值，学习才有意义，教育才有作用。

古人说："哀，莫大于心死。"孟子也曾言："无恻隐之心，非人也！"

一个对外部世界冷漠无情的人，是没有希望的人；一个由缺乏人性，对生命无动于衷的人组成的民族，是没有希望的民族。

那个十岁的孩子，面对生离死别，却一门心思只顾学习，没有一滴眼泪，没有一丝悲伤。我在想，这样的孩子，对生命如此冷漠，对世事如此冷淡，即或在学业上凯歌高奏，又有什么用呢？他会有爱心、孝心、感恩心吗？他今后对自己、对家庭、对国家会有贡献与担当吗？

在这方面的教训太多了！卢X，因论文获奖落选，受嫉妒、失望困扰的他，竟然开枪打死了4位太空物理学家，杀死了自己的获奖同学。北京大学高才生吴XX，竟然用哑铃残忍地杀害了养育自己多年的母亲，还试图毁尸灭迹，而且在弑母后从亲戚中骗走144万元进行疯狂挥霍……

我觉得时下的教育，在追求分数的同时却忽略了对孩子基本人格、基本道德、基本情感的培养与塑造。这些孩子有可能考高分，却缺乏对生命的敬畏与尊重；有可能得第一，却没有基本的人文情怀与素养；有可能上名校，却没有人性的温度与温暖。

"已识乾坤大，犹怜草木深。"那种视小鱼如草芥、给鲜花以践踏、对亲人亲情以漠视的人，可能学习越好，越是教育的失败。

教育的根本还是通过立德树人，唤起人类自身美好的"善根"，复苏人们尊重生命的良知，体现人之为人的特有的人性。使人向美向善，使我们的孩子"更人性""更人道"，这样的教育，才会弥漫人性的光芒，才真正完成了自身"精神的托举"之使命。

生活，让教育成为真正的教育

有老师曾给我讲过一件真实的事。一个即将参加中考的孩子，因写作业太晚，第二天早上没来得及吃饭就匆匆去了学校。母亲心疼孩子没吃早餐，便煮了两个鸡蛋带到学校，放在门卫室。母亲给班主任打电话，叮嘱老师给孩子剥一下鸡蛋，说她的孩子不会剥鸡蛋。

教育即生活，教育不能脱离生活，教育最终是为了生活，教育必须与生活紧密相连。

然而现阶段教育最大的问题就是去生活化，教育与生活脱节了。很多孩子考了高分，上了名校，却不会洗衣做饭，甚至不会系鞋带，就像这个不会剥煮熟的鸡蛋的孩子一样。

这确实是一个让人费解的教育现实！

之所以出现这种情况，是因为教育的功利与短视，让教育进入了一种纯应试模式。重书本，轻实践；重考试，轻运用；重分数，轻能力，让教育教学行为都围绕着分数转。教育没有成为学生生活经验的一部分，也没有为学生未来的生活做准备，教育脱离了实际，远离了生活。

一些学校，劳动课程、社会实践课程、生活教育课程不开设了，走进社会社区，走进大自然，走进生活的机会没有了。就是在学科教学中，那些可以适时对接生活、挖掘很多生活的因子，却因为分数导向也被忽略了。作为家庭，本可以让孩子做做家务、参加力所能及的劳动，以此让孩子习得必要的生活技能，现在要么因为溺爱，要么为了学习成绩，都被刷题和各种补习班取代了。

这种去生活化的教育，所培养出来的孩子除了生活能力差、对生活缺乏热情外，还有可能出现内心空白、精神颓废、情感虚无等问题。

什么是好的教育？好的教育应该是立足生活的教育，应该是以生活为本的教育，应该是呈现真实生活场景的教育，应该是与生活联系紧密、让教育回归生活的教育，应该是为孩子未来生活做准备，给他们相应生活能力、让他们有一个未来幸福人生的教育。

教育的初衷是什么？教育的初衷绝对不是培养巨婴、培养书呆子、培养训练有素的考试机器，而是让孩子去面对生活，去适应生活，去热爱生活，去拥抱生活。

孩子读书干什么？学知识，上大学，除了担当责任，实现抱负，报效祖国，最终还是为了生活，为了过上幸福的生活。

想一想，我们的教育让孩子不会生活，没有面对生活的热情，没有生活的能力，甚至没有生活的勇气。这样的教育还叫教育吗？这样的教育还有什么意义呢？

卢梭认为，教育应让学生从生活中、从各种活动中进行学习，通过与生活实际相联系获得直接经验。

杜威曾说："学校必须呈现现在的生活——即对于儿童来说是真实而生机勃勃的生活，像他在家庭里、在邻里间、在运动场上所经历的生活那样。不通过各种生活形式或者不通过那些本身就值得生活的生活形式来实现的教育，对于真正的现实总是贫乏的代替物，结果只会导致呆板而死气沉沉。"

教育的价值与作用，就在于把教材、把书本知识、把外在世界的一切，转换成鲜活的生活素材，让其进教育、进校园、进课堂、进课程，让教育建构起与世界、与社会、与现实生活的一种镜像，一种有效的链接，一种活泼生动的联系，给教育教学烙上生活印记，使学生在与生活世界沟通中体验生活，感受生活，学会生活。

新课程理念，在我看来，就是让学生在生活中求知，在求知中生活。这就要求一切课程理念的贯彻与课程改革的推进，都要立足于生活、着眼于学生生活，把学生能生活、会生活、热爱生活，融入教育教学中。

我也一直在琢磨，学校教育究竟应该教给孩子什么？当然，教给孩子们文化知识，这是必要的，也是必需的。在过去的年代，孩子们有了文化知识，就可以行走天下，甚至可以从容面对社会，面对人生。但是随着社会的发展，科技的进步，人工智能时代的到来，如果我们的教育仅停留于文化知识层面，这种教育模式下培养的孩子则很难适应未来社会的挑战。相反，盲目灌输的大量知识反而会成为孩子走向未来的一种束缚。有一句话说得好，我们的教育一旦让孩子只剩下一堆死知识，那既是孩子的悲哀，也是教育的悲哀。

真正陪伴孩子走向未来的不是那些枯燥的知识，而是核心素养。落实立德树人根本任务，聚焦核心素养的培养，应该是学校教育的使命。而培育核心素养的关键是让学生透过学科知识，感受学科本质，增强学生社会责任感、创新精神、生活实践能力，引导学生思考身边的社会现象和生活中遇到的实际问题，能够分析和解决生活中的问题。

陶行知先生一直践行生活教育，他主张"生活即教育""用生活来教育"。他说："教育的根本意义是生活之变化。生活无时不变，即生活无时不含有教育的意义。"

陶行知先生在论著中多次指出，忽视生活的教育等于在"消灭学生的生活力和创造力。它不是教学生动手，用脑，如果在教室里只许老师讲，不许学生问，一个人从小学到大学，十年读书的结果，与一个吸食海洛因的家伙无异。他们肩不能挑，手不能提，面黄肌瘦，弱不禁风，再加以要经过那些月考，学期考，毕业考，升学考等考试，到了一个大学毕业出来，足也瘫了，手也瘫了，脑子也用坏了，身体健康也没有了。大学毕业，就进棺材，这叫死读书"。

教育要通过生活才能迸发出巨大的能量，也才能让教育成为真正的教育，对这一点，我们必须有这样的共识与坚守！

"新质生产力"背景下的教育样态

今年两会，"新质生产力"首次被写入政府工作报告。

所谓"新质生产力"，指的是以信息技术、人工智能、大数据等为代表的新型技术手段，其能通过优化资源配置、提高生产效率、促进创新等方式，推动社会生产力的飞跃发展。

"新质生产力"作为符合新发展理念的先进生产力质态，将对各行各业发展带来深刻的改变与影响。教育作为"新质生产力"的关键要素、积极变量、重要孵化器，必将对教育带来结构性、系统性和根本性的改变，教育也必将在"新质生产力"背景下，催生教育理念、目标、内容、方式和治理的系统性变革，呈现全新的样态。

那么"新质生产力"背景下的教育，究竟是什么样态呢？

"新质生产力"背景下的教育，应该是以学生为中心。坚持"学生第一"，具有学生立场和视角，这是教育的第一性原理，也是创新的"动力源"。

这就意味着教育的使命在于以生为本，遵从人性，一切为了学生；在于尊重学生的生命个性，发现每一位学生的不同，探寻每一位学生的可能，唤醒每一位学生的潜能，激发每一位学生的内生力，点燃每一位学生对美好的向往与憧憬；在于解放学生的身心，给他们自由调节的闲适、自主发展的空间、自我管理的能力，赋予他们作为一个自由人只身跋涉而步履轻盈的力量。

"新质生产力"背景下的教育，应该是积淀学生素养，提升学生素质，培养学生创新品质。随着"新质生产力"的发展，对于创新型人才的需求也在逐渐增加，因而教育将不再是以"分"为导向，以"考"为法宝，以单一知识传授为目的，以培养一个个会做题、会考试的机器为目标；而是把学生的人文素养看得比考试成绩更重要，把学生的品行能力看得比分数更重要，把学生的创新能力、创新精神看得比什么都更重要，因而会不遗余力地培养学生的综合素质和创新精神，穷尽努力地培养学生的批判性思维、问题解决能力、团队协作能力以及创新创造能力，等等。

　　"新质生产力"背景下的教育，应该是学习方式的彻底转变。从统一批发转向个人定制，学生有权利选择自己学什么，自适应学习将成为主旋律。从固定空间转向多元开放，学习的边界被打破，学习随时随地都可以发生，所有环境与空间都可以用于学习或者触发学习。从传统学习转向泛在学习，学校成为更广泛的学习中心，支持学生的正式和非正式学习；学生可以利用碎片化时间学习，也可以用手机、平板电脑等移动设备进行学习。从单一内容转向综合全面，学习不仅仅是学知识，而且是和生活对接，跟社会连接，同未来人生链接，与解决现实问题相衔接，以实现知识、技能、情感、价值的相贯相通。从阶段学习转向终身学习，新质生产力的快速发展要求个体必须具备不断学习和自我改善的能力，"终身学习"逐渐成为趋势，着力培养学生自我学习、独立学习、持续学习的能力，成为转变学习方式的重中之重。

　　"新质生产力"背景下的教育，应该是把现代技术深入到教育教学和管理全过程、全环节。信息化、大数据、人工智能等现代技术的不断发展，为教与学的增能提效准备了工具箱，为教育的深度、广度和可能性的延展搭建了脚手架。比如信息技术的深入推进，将变革传统的教育方式，让更多的人有机会享受优质教育资源，进一步实现教育公平。大规模在线开放课程的出现，将打破传统的地域限制，为学生提供更为广泛和便捷的学习途径；远程教育、在线教研、智慧课堂等新型教育教研模式的运用，将为学生和教师提供更加灵活多样的学习方式和教学教研方式；AI 教育从必修课、公开课到社团组织，由理论教学走向与实践相结合，将激活师生的学习与发展潜能，更好地适应、创造甚至驾驭人工智能时代；虚拟实验室所模拟的真实实验环境，让学生在安全的环境下进行实验操作，将降低实验成本，提高实验效果；虚拟现实和增强现实技术的应用，将为教学提供更加生动、直观的方式，学生可以更加深入地了解知识背后的原理和应用场景，提高学习效果和兴趣，等等。

"新质生产力"背景下的教育，应该是一趟"美的历程"。校园不再仅仅是一个学园，而会成为学生们幸福成长的花园、田园、家园、公园、乐园。在这里，孩子不会被定义成工厂流水线上的一件件产品，他们可以有比较充足的时间与人交往，可以自由自在地参与各种社团活动，读自己喜欢的书，做自己喜欢做的事。学校不再仅仅是一个"容器"，而会成为一个个生动而鲜活的"场景"——学习讨论场景、问题辩论场景、阅读场景、运动场景、游戏化场景、体验式场景、人机互动场景。未来学校的根本功能，就是通过这些场景，启迪行为，点亮心智，激活好奇心，激发探索欲，释放教育价值，赋能真实成长。师生关系不再仅仅是一个主次关系、尊卑关系、管与被管关系、教与被教关系，而会成为亦师亦友、情同手足、共生共学共同成长关系。教育学首先是关系学，好的关系就是好的教育，师生间的情感需求将成为"新质生产力"下，最大的需求和存在的价值。教育不再是强迫，而是引导；不再是灌输，而是浸润；不再是施压，而是唤醒；不再是改造，而是改变；不再是让学生必须成为什么样的人，而是帮助他成为他应该成为的他那样的人。

"新质生产力"背景下的教育，还应该是一种蓬勃向上的教育生态。蓬勃向上的教育生态，既决定了教育发展的高度与程度，又决定了每个教育人的发展空间与成长速度。这种蓬勃向上的教育生态，意味着教育要从管理走向治理、从领导走向引导、从官本位走向服务、从抓质量走向创造意义。意味着教育要坚持有教无类、因材施教、寓教于乐、和而不同、自由生长、教学相长，深入研究学生多样化和个性化的成长需求，提供适切的文化、适配的课程、适合的活动、有效的课堂、丰富的学习资源和平台，让每一个生命都出彩，都有枝可依。意味着教育要鼓励自下而上的自我成长、自我创新；教育主管部门会为学校赋能，给校长更大的空间；学校会给教师赋能，给教师更大的空间；教师自然而然，也才能真正给学生赋能，给学生更大的成长空间。让创意流动，让思想活跃，让文化弥漫，让想法流动，让梦想飞翔，系统上下，相互赋能，互相搭台，彼此温暖，共同成全——这便是"新质生产力"下，教育一道亮丽的风景。意味着教育要坚持人文关照、以人为本，一切从人的价值与需求出发，注重管理的人性化，充分调动教师的热情与激情，提高教师职业幸福感、自我效能感，以更灵活、更有效率、更有温度的行为设计与组织架构，让教育创意、教育创新自然生发、不断发生，让一个个"新质学校"和"新质区域生态"不断涌现。

教育有了这样的样态，"新质生产力"在教育领域就有了她应有的形态，也有了她生机勃勃的状态。

相信有了"新质生产力"的支撑与主导，中国的基础教育一定能奔赴教育转型的山海，也一定能走向教育最美的星辰大海！

我心目中理想的乡村学校

在一些地方，乡村学校日渐式微，这是不争的事实。对理想的乡村学校的追求与探寻，已迫在眉睫。

在我的心目中，理想的乡村学校是什么样儿的呢？

一 | 校园充满文化味

文化是学校的特质，也是校园最美的风景线，更是幸福乡村学校的标识与支撑。

我以为，乡村学校可以没有高楼，也可以没有塑胶跑道，没有宽阔的运动场，甚至可以没有多媒体，没有电子白板，但不能没有文化。

文化内化于心，外化于行。一所乡村学校，哪怕校舍简陋，边远偏僻，条件很差，资源稀缺，但只要有了文化，就足以烛照乡村，温暖校园，点亮师生的精神世界。

有文化的乡村校园，草木错落有致，摇曳生姿，传情达意。被注入文化基因、烙上文化符号、赋予文化色彩的一墙一壁、一砖一瓦、一廊一道，成了最生动的课程，带来最好的教育。

在这样一个教育的"磁场"中，师生通过耳濡目染、浸润熏陶，既体味到校园的温馨，又获得愉悦与幸福的情感体验。

二 | 课程体现在地化

当下，乡村教育最大的症结，是把孩子都教得厌弃乡村，一个个纷纷逃离乡村。乡村孩子最大的悲哀，是生长在广袤而充满希望的土地上，却对家乡没有情感，对学习缺乏热情，对未来失去向往。

乡村学校拥有得天独厚的乡土资源优势，包括丰富的自然资源、社区资源、人文资源、乡风民俗资源等。一个理想的乡村学校会充分挖掘这些乡土资源来构建多元化的乡土课程体系。

乡村孩子通过对乡土课程的学习，认识家乡的风土人情、自然景观、历史渊源、文化变革，从而留下乡音，记住乡愁，澎湃乡绪，扎下乡根，孵化出对乡村浓浓的情结，激发出对学习浓厚的兴趣，点燃对未来的希望。

三 | 课堂注重开放性

一个理想的乡村学校的课堂应少些浮华，多些朴实与真实，以常态的课堂让更多的孩子喜欢上课堂的学习。

不仅如此，一个理想的乡村学校的课堂不会局限于学校、局限于教室、局限于狭窄的物理空间；它会以天地为课堂，以万物为书本，也就是打破学校围墙，打开教室门、校门，让孩子到田间地头、山川河谷、农庄村落，看蓝天白云，赏自然风光，听潺潺流水，和绿叶一起呼吸，同花草一起对话，与小鸟一起歌唱，在开放的课堂里知行合一、建构知识、体验生活，尽情享受学习的乐趣。

四 | 学校荡漾书香气

城乡学校必然有差距，唯有阅读能够缩小差距，最大限度实现教育的公平。阅读是教育的基石，也是教育最大的公平。

这些年我所见证的乡村学校，大凡充满生机活力，师生的精神面貌积极向上，眼中有光，学校都重视阅读，都不遗余力推进阅读，师生都养成了阅读习惯，都在阅读中过上了一种幸福而完整的教育与学习生活。

阅读需要引领，阅读习惯的涵养更需要阅读氛围的营造。一个理想的乡村学校会着力推进书香校园建设，让阅读走进师生的精神世界，让阅读成为乡村学校师生的一种学习方式、一种生命的必需、一种辉映教育的新风尚。

五 | 孩子享有获得感

一个理想的乡村学校不应只是接受知识的场所，更应是孩子快乐成长、放飞心灵的乐园。只有让孩子喜欢上像乐园一样的校园，才能让乡村孩子爱上学校，爱上学习。

为什么现在的孩子，又特别是乡村的孩子厌学特别多？因为校园给他们带去的学习生活枯燥单调、索然乏味，除了知识的生硬灌输，就是拼命地刷题、反复地考练。

在希腊文中，"学校"一词的意思就是闲适。卢梭曾说过，最重要的教育原则是不要爱惜时间，要浪费时间。教育需要一点闲适，乡村学校更需要闲适。

一个好的乡村学校不会把孩子的生命填满，让孩子一直处于压抑与紧张中；一个好的乡村学校会把课间十分钟还给孩子，把活动还给孩子，把童年还给孩子，把快乐与幸福还给孩子。

"草长莺飞二月天，拂堤杨柳醉春烟。儿童散学归来早，忙趁东风放纸鸢。"这应该成为乡村孩子应有的闲适，应有的状态，应有的写照。

六 │ 教师保持成长态

乡村教育生态如何，取决于教师；乡村孩子的生命状态怎样，还是取决于教师。

一个理想的乡村学校，会尽最大可能理解乡村教师，关爱乡村教师，善待乡村教师，激励乡村教师，发展乡村教师，让乡村教师尽师才、精师业、显师能，人人撑起一片天。

对于一个卓越而幸福的乡村教师，会有乡村教育情怀，能够坚守乡村、扎根乡村；会充满激情，澎湃热情，就像苏霍姆林斯基所说的那样，"在远离大城市的最闭塞的角落里，也能明亮地燃起文化、思想和创造活动的火焰"；会成为孩子世界的一道"光"，蹲下身子，与孩子对话，给每一个孩子以足够的关切与支持，不落下每一个孩子，不让一个孩子掉队；会不断成长，生命不息，学习不停，成长不止，让学习成为一种习惯，让成长成为人生一道亮丽的风景。

七 │ 校长对标领导力

一个好校长就是一所好学校，一个好的乡村校长就是一所好的乡村学校。

一个好的乡村校长能够内心宁静，不为外界喧嚣浮躁所扰；能够心怀满腔热忱、情系乡村教育，始终站在乡村教育这块精神高地，守望自己的教育理想；能够遵循规律，捍卫常识，回归教育本真，把人放在学校中央，眼中有人，心中有人；能够担当责任，不辱使命，把所有精力聚焦在办好乡村学校上，聚焦在教育质量提升上，聚焦在促进教师成长，帮助孩子成才成人上；

能够不纠结于现状、不困惑于当下、不牢骚于眼前，而是以开放而勇敢的心态直面困难，主动作为，大胆突围；能够心存敬畏，坚守良知，一切从学校实际出发，不盲目、不迎合、不唯上，对于那些表面上的、形式化的、会给学校与老师带来折腾的事，能够说"不"，妥善拒绝。

总之，一个理想的乡村学校，可以让贫瘠的乡村光亮起来，让偏僻的校园活力起来，让乡村的教育美好起来。

我们期待，有更多的理想的乡村学校能够脱颖而出！

什么是面向未来的乡村教育

　　教育需要面向未来，乡村教育更需要面向未来。甚至我有一个基本的判断，没有面向未来的乡村教育，就没有面向未来的教育。

　　那么，什么是面向未来的乡村教育呢？我以为：

　　面向未来的乡村教育需要硬件设施的齐全，需要办学条件的改善，需要对乡村文明及乡村社会风尚的引领。但是乡村教育不需要浮华，不需要一味高大上，不需要那些不切实际的空洞理论的包装，更不需要那些超越现实的豪华硬件的追求。乡村教育立足乡土，扎根乡村，聚焦乡情，意味着脚踏实地，因地制宜，意味着抱朴守素，返璞归真，意味着简简单单，纯纯粹粹。

　　面向未来的乡村教育需要向城市教育学习，需要借鉴城市教育的经验，也需要城市教育的鼎力相助。但是乡村教育有其自身特点，有它得天独厚的优势。乡村教育决不能复制城市教育，决不能做成城市教育的盗版，决不能成为城市教育的附庸。

　　乡村教育需要重写因陋就简、就地取材、变废为宝的乡土文化。比如在砖瓦、卵石、蛋壳、竹编上绘画，用大豆、火柴、小瓷片做粘贴画，把废书报捣成纸浆弄成纸浆画，利用废弃的陶盆、易拉罐、雪碧瓶装上土栽种花草成为盆景用以装点楼层、墙壁，让校园时时处处都是教育，方方面面都是文化。乡村教育需要重构更多的乡土、本土学习空间。比如把乡村作为学校，把大自然作为教室，把山川河流、田间地头、农家小院作为课堂。乡村教育需要重建多样化、可选择的在地课程、乡土课程。比如研发劳动教育课程、生态教育课程、生活教育课程、自然教育课程。乡村教育需要重拾喜闻乐见的乡土化的活动。比如创设滚铁环、抓石子儿、踢毽子、跳大绳、踩高跷等童年拾趣社团，让孩子在参与这些接地气的活动中，收获快乐，享受童年，玩味童趣，体验乡村校园生活的多姿多彩。

通过这些可视、可感、可参与、可体验的乡土教育，探索出跳出城市教育窠臼的乡村办学特色，形成有别于城市教育的乡村教育优势，树立超越城市教育的乡村教育的尊严与自信。

面向未来的乡村教育需要着眼将来，需要指向未来，需要培养出一批批能够走向远方、走向未来的孩子。但是乡村教育不需要远离乡村，不需要剥离乡村，不需要仇视乡村。乡村教育最终需要滋养，需要反哺，需要同这个时代同频共进。这意味着乡村教育必须是一种有根、有魂的教育，必须通过这种有根、有魂的教育，让乡村孩子能够留下乡音，记住乡愁，扎下乡根，让乡村孩子在身心浸润、耳濡目染、熏陶教化中，与乡村建立一种情感连接、精神联系，从而培养出一大批回到乡村的建设者，而不是乡村的逃离者。

当然，这并不意味着乡村的孩子一定要留在乡村，而是说一方水土养一方人。有根、有魂的乡村教育涵养了乡土情怀。这些乡村孩子，无论他今后升学，还是进城务工，还是建设新农村，都有如阳光般温润的人格、大地般丰盈的内心、运动员般强健的身体。无论他今后走得再远，飞得再高，在他的心中会永远澎湃一种乡绪。

面向未来的乡村教育需要书本知识的讲解，需要科学文化的传授，需要现代思想的融入。但是乡村教育不需要仅是书本的教育，不需要只会做题考试的教育，不需要科学文化知识被动灌输的教育，也不需要造就书呆子的教育，更不需要培养"小姐""少爷""公子"的教育。

乡村教育直接通向生活，直指健康、快乐和幸福的生命关怀。乡村教育需要的是"粗茶淡饭的教育""家常便饭的教育"；需要的是从孩子的真实生活出发，为生活而教的教育；需要的是立足生活、依据生活，为改善生活、为未来生活做准备而进行的教育；需要的是着眼于以培养学生有健康的体魄、科学的头脑、艺术的兴味、生产的技能、改造社会的精神为目标而实施的教育。

面向未来的乡村教育，需要老师对乡村孩子的引领，需要学校对乡村孩子的培植，需要教育对乡村孩子的点燃、激发、唤醒。但是乡村孩子所处的独特的环境、所依附的家庭背景，相对于城市孩子，更需要乡村教育坚持以乡村孩子为本，一切从乡村孩子的实际出发，按照陶行知先生提出的"六大解放"，解放乡村孩子的大脑、眼睛、嘴巴、双手、时间和空间；并通过陶行知先生的"三自"教育，也就是在学习上要靠自学，在体育健康上要靠自强，在管理上要靠自治，给乡村孩子提供更多的"自我""自主""自动""自觉"，让乡村孩子在美丽的乡村自然环境中释放天性，在真实的问题驱动下历练能力，在充满困惑的乡村生活的倒逼下收获成长。

面向未来的乡村教育，需要分数的支撑、需要成绩的呈现、需要升学率的保障。但是乡村教育不能用简单的分数去验证，用一纸成绩去衡量，用升学率高低去评价，用全天候的刷题去应对，用反复的考试去浪费生命时光。

我认为，乡村孩子的情感比知识重要，能力比分数重要，健康比成绩重要，动手能力比考试重要，兴趣比刷题重要，好奇比死记重要，乐学比升学重要，成人比成才重要，幸福比优秀重要。

因而乡村教育需要关注人、关注乡村孩子，需要把乡村孩子从拼时间、拼分数、拼成绩、拼身体中解救出来，从反复考练、死整蛮干中解脱出来，从高压力、高强度竞争、高度恐慌中解放出来。给他们提供一种合适的教育，一种闲适的教育，一种人性化的、有温度的教育，一种为乡村孩子健康成长和终身幸福奠基的教育，一种让他们在未来人生路上精神不颓靡迷失、身心有所皈依不致在城市上空盘旋、在异地他乡流浪的教育。

这些，或许便是我心目中好的乡村教育的"镜像"，当然，更是能够行稳致远，昂首挺胸走向未来的乡村教育！

第五章

身边的教育哲学

"插秧"与"抛秧"

"手把青秧插满田，低头便见水中天。"夏种时节，田间地头一片繁忙。特别是到了插秧季，在一片片稻田里，农夫们头戴斗笠，双脚分开，踩在水田里，低头弓背，左手把着秧苗，右手从左手里分出一株，然后插进泥巴里，身子则一步一步地往后退。

小的时候，这是我所见到的乡村一道最美丽的风景。

出于好奇，那时我也常常脱掉鞋子，挽起裤脚，光着脚丫，跳入水田里，学着大人的样子，像模像样地拿上一把秧苗，用三个小指头夹住一小撮，使劲地插入泥巴里。尽管动作笨拙，不大娴熟，一会儿工夫，那些小秧苗，还是被我歪歪扭扭地连成了一行。尽管身上溅满了泥水，脸上沾满了泥巴，却感到特别欣慰与满足。这也成了我童年难忘的回忆。

我发现，插秧不是一件容易的活儿，不仅要眼到、手到，判断好秧苗之间的距离，以保证前后左右有条有序、整整齐齐，而且还要靠脊梁和手臂的韧性，协调配合，持续坚持，保持整个身子准确地后退。

不知大家是否注意到，现在农民已变革了传统的劳作方式，他们不是在田间插秧，而是"抛秧"，也就是站在田埂上，把育好的秧苗"随意""随便"地抛到水田里。

为什么要由"插秧"改为"抛秧"呢?

我以为，除了插秧劳动强度大，更重要的是，插秧一拔一插，深浅不一，疏密不适，受力不同，破坏了秧苗的自然生长规律，伤及了秧苗的自然属性，难以做到水稻高产。而抛秧，把秧苗悠闲抛出，秧苗在空中划出一道弧线，轻盈入泥，有充足的空间分蘖抽穗，自然生长，而且不伤及根系，自然而然，带来的是产量提高、收获丰收。

由此得到启示，做教育，就应该像抛秧一样，顺从孩子的天性，遵从孩子的个性，给孩子成长的空间，不断挖掘孩子的学习潜能，尽可能调动孩子学习与成长的主观能动性。也就是赋予孩子更多自主的机会、自由选择的权利，让孩子像野花一样自由绽放呼吸，像小鸟一样自由飞翔鸣叫，像蜜蜂一样自由蹁跹采蜜，像秧苗一样自由舒展腰肢……只有这样，孩子才可能幸福地生活、健康地成长，教育也才可能真实而有效地发生，才会有好的教育。

如果对孩子的教育仍像插秧那样，条条框框不少，人为束缚、干涉与控制太多，把孩子的思维与思想局限在一张细密的棋盘上，以为在如此"辛苦"之后，会达成预期的教育效果。殊不知，教育者的意志并不等于被教育者的意志，对这种包办的或者"保姆式"教育，孩子们并不买账；孩子们到头来还会因为没有自己的空间、自己的思维、自己的主见、独立性而产生依赖性，失去主动进取精神。孩子可能会像那头从小被小木桩拴住的牛一样，小时候力气小，折腾半天还是在原地打转，于是乖乖地"被拴"，不再拔木桩了；等长大了，有足够的力气去拔木桩时，却已经没有任何欲望和想法了。

如果教育一厢情愿地对孩子进行操持和控制，不仅让孩子发挥不出应有的潜力，还会泯灭孩子的创新精神与创造品质。

最好的教育是无为而无所不为，不教而无所不教。对孩子的教育，应少些"插秧"，多些"抛秧"！

"草料喂牛"与"摁鸡头吃米"

一位老农喂牛，他没有把草料直接放到牛面前，而是将草料挂在拴牛的小茅屋的屋檐上。

有路人问："老伯伯，你为什么要把草料挂在屋檐上，而不直接放到地上让牛吃呢？"

老农说："这种草料质量不好，放在地上，牛有可能不屑一顾。但放到让它勉强可以够到的屋檐下，它就会努力地伸出脖子去吃，直到把全部草料吃个精光。"

读完这则故事，我们不得不佩服老农的智慧。为了让牛能够对草料保持强烈的食欲，他不是简单地将草料放到地上、放到牛面前，而是将它放到牛勉强可以够到的屋檐下。

因为草料放到地上，放到牛面前，牛不费一点力气便可以吃到，牛有可能对这些质量不是很好的草料没有兴趣。而当老农将草料放到牛勉强可以够到的屋檐下，虽然草料还是那个草料，但牛是通过伸长脖子后才勉强吃到的，牛觉得来之不易，便会格外珍惜，细嚼慢咽，慢慢品食，不会去糟蹋这些草料。

教师对学生的教育，是不是可以从中受到一些启发？

首先，教师要善于设定适当的学习目标。目标本身就是一种导向，一种激励。适当的学习目标，除了让学生的学习有一个明确的学习目的和方向，能够进行有效学习、有针对性学习外，还能够激发学生的学习兴趣，增添学生的学习动力，充分调动学生的学习积极性。

当然，这个目标应该是"适当"的，也就是适合的、适度的。目标太高，可望而不可即，会导致学生打退堂鼓；目标太低，太容易，不费吹灰之力就可以完成，又容易让学生没有上进心，失去进取力和奋斗的精神。

最好的目标，那就是"篮球架高度"，跳一跳，够得着。躺着不行，坐着不行，站着也不行，必须跳一跳，这样的目标才有激励性和挑战性。也就是老农放置草料的高度，把脖子伸一伸，便吃得到。如若放在地上，太容易得手；放得太高，老牛吃不着，只会放弃。

适当的目标，让学生有求知欲，有前行的劲头，有拼搏的动力。

其次，教师应让学生进入主动学习、能动学习的状态。陶行知"小鸡喂米"的故事，大家应该都知道。

有一次，陶行知先生在武汉大学演讲。他走上讲台，不慌不忙地从箱子里拿出一只大公鸡。台下的听众全愣住了，不知陶先生要干什么。陶先生从容不迫地掏出一把米放在桌上，然后摁住公鸡的头，强迫它吃米。大公鸡只叫不吃，他掰开公鸡的嘴，把米硬往鸡的嘴里塞。大公鸡拼命挣扎，还是不肯吃。陶先生轻轻松开手，把鸡放在桌子上，自己后退了几步，大公鸡自己就开始自在地吃起米来。

教育不是一厢情愿地控制，也不是生硬地灌输，如果教师置学生学习的主动性、能动性于不顾，把教学内容、自己的教育方式，还有不切实际的幻想，一股脑儿倒给学生，强加给他们，就像"摁着鸡头吃米"那样，只会让孩子产生逆反心理，要么食而不化还给老师，要么厌倦学习厌恶学校。最终，教师教得累，学生学得苦，教学效率还低。

如果解放学生的头脑、双手，把学习的时间、空间交给孩子，把学习的权利还给孩子，把"要你学"变为"我要学"，充分发挥学生的学习能动性，

让他们主动地去思考，主动地去提问，主动地去学习，相反会收到很好的学习效果。

这就要求我们教师一定要坚持以生为本，把师本教育转变成生本教育，把为教育者设计的教育转变成为学生设计的教育，把教师身份转变成教练角色，把教师的会讲转变成学生的会学——让教师的无为成就学生的有为，由教师的退步促成学生学习的进步。

再次，教师要充分关注学生的学习需求。需求是学习的原动力和重要引擎。马斯洛的需要层次理论认为人的需要有五个层次，即生存、生理上的需要，安全需要，爱的需要，被尊重的需要，自我实现的需要。

学生的需求是多元化、个性化的，每个学生都有不同的需求，不同的兴趣，不同的学习方式。作为教师，只有了解学生的需求，才能更好地走进学生的内心，知道学生所想所盼，才能建立起友好合作的师生关系。亲其师而信其道，也才能灵活而及时地调整教学方法和策略，提供个性化的学习资源和辅导，以满足不同学生的学习需要。

因此教师必须放低身姿，以孩子的视角来观察，与孩子交流、对话，搭设各种舞台，给每个孩子展现才能、发展才能的机会；尽可能认识孩子，发现孩子，全面了解孩子，认识他们的天性，发现他们的天赋，了解他们的需求，并在这样的一个过程中，让孩子感受到老师的温情、班级的温馨、学校的温暖、教育的温度，最终收获学习的喜悦与成功。

"一地"与"一孩子"

常听到一些家长——当然也不排除个别老师，遇到考试考得比较差的孩子，就在那儿训斥：才考那点分，饭桶一只，废物一个，有什么用？

孩子们被训后，耷拉着脑袋，在一脸窘相与无奈中，也不知道自己到底是有用还是无用。

一块地有一块地的用处，一个孩子有一个孩子的天地。正所谓"一花一世界，一叶一菩提""一地一孩子"。

其实，对于一块地，哪怕是山地，哪怕是悬崖峭壁上的一块不毛之地，即使土壤再单薄贫瘠，总有相应的种子适合它，即使只有弹丸大，也总有它的用武之地。

在这块地上，如果种不了玉米，可以试试种麦子；麦子长不好的话，可以种种大豆；大豆还是不济的话，不妨种植花生；如果花生长势仍不好，还可以栽培点中草药；中草药也实在不行，那就干脆撒点野花种，相信到时候一定会繁花盛开、缤纷似锦。

而那些悬崖峭壁上的不毛之地，其实，它本身就是一道风景，可以观瞻，可以欣赏，可以供游人小憩。

对于孩子，又何尝不是如此呢？每一个孩子都是独一无二的个体，都是不可复制的标本，都是大自然赋予的无价之宝，都有他存在的价值，都有他来到这个世界的意义，也都有他需要承担的责任和使命。

哪怕这个孩子天资再差、天赋再不好，有点笨拙、迟钝，甚至有些智障，上天在给他关上一扇门的时候，总会给他打开一扇窗。因而他也总有用处，也总有适合他的生命通道和成长赛道。

这个世界上，根本就不存在废物，只不过是没有放对位置；这个世界上也永远没有差生，只是我们的评价标准太单一。

我们之所以定义某某孩子是"后进生"，只是因为他们不擅长文化知识学习，不擅长考试，不是考试的佼佼者。如果我们不用"分数"作为唯一的尺子去丈量，而是用另外的标准去衡量，比如运动，比如绘画，比如唱歌，比如劳动，甚至比谁心地善良、豪情万丈、勇武刚毅，等等。也许，这些人们眼中所谓的"后进生"，便就是"优等生"了。

这也就是我一直主张的，我们的孩子，没有不能，只有可能；没有不好，只有不同；没有差生，只有差异。

一个孩子学习不好、接受文化知识慢、拼不了分数、成绩上不去、是学困生，不要瞧不起他，也不要放弃他，更不要嘲讽打击他，应该给他多一把尺子，多一个标准，多一分耐心，多一种期待，多一些等待。

如果他爱运动，那就让他在运动场上尽情地跳跃奔跑，洋溢笑容，释放活力与热情；如果他喜欢绘画，就给他一支画笔，让他沉浸在五彩斑斓的世界里，信马由缰，天马行空，尽情涂鸦，用稚嫩的小手描绘他的梦想，留下彩虹般的美好画卷；如果他喜欢唱歌，就不妨让他一展歌喉，用欢快的歌声，优美的旋律，唱响未来，点亮童年的阳光；如果他喜欢对弈，那就让他在棋盘上落子如飞，面对风云变幻，沉着冷静，深思熟虑，步步为营，招招制胜，彰显智慧与决断；如果他喜欢劳动，那就让他用小铲作为舞动人生的魔棒，用小锄作为探索世界的工具，用灵巧的小手书写热爱劳动的华章，让他劳动的身影，折射出成长的快乐，让他的每一滴汗水，都闪耀着成长的光芒；如果一个孩子就是那么平平常常、普普通通，压根儿就没有什么爱好特长、天赋，那就关注他的身心、习惯，关注他的品行，鼓励他今后做一个善良、温润、健康、完整、正直、热情、自立自强、担责任、有爱心、懂感恩的幸福的普通人。

一块地终会有属于它的作用与美好收成。每一个孩子都有他的天然价值与优势，都蕴含着无尽的可能和希望。

我们要坚信，孩子的成长，不是一个分数能定义的；孩子的人生，也不是在独木桥上能够体现的；孩子的成功，更不是以上好的大学为唯一的答案。

摒弃教育功利心，拥有一颗平常心，坚持为人而教，教人人为人，给每个孩子以适合的教育。把我们的注意力从分数、排名和升学，转向发现孩子兴趣，激发孩子潜能，关注孩子个性，保护孩子天性上。让他们都像鸟儿一样自由展翅、纵情飞翔，让他们阳光自信，时时都能抬得起头，让他们成为他们应该成为的人。那每一个生命必将闪耀光彩、绽放精彩；每一个孩子终将心花怒放，达到属于他们自己的人生巅峰！

向老农学习教育智慧

我因为出身农村，父辈也是农民，对老农种田很是熟悉与了解。其实，老农种田和我们做教育很多东西是相通的，只要我们稍留心，便能从老农身上学到许多教育智慧。

老农种田，他不会违背自然规律；他会顺从自然，顺应季节，按二十四节气来安排农事。

春季是农业生产的重要季节，老农会根据雨水、惊蛰等节气，提前做好春耕春播；根据清明、谷雨等节气，加强作物的病虫害防治。夏季是作物生长的关键季节，老农会根据夏至、小暑等节气，做好病虫害的防治；根据芒种、夏至等节气，做好作物的追肥施肥，促使作物更好生长。秋季是作物收获的季节，老农会根据寒露、霜降等节气，及时收获作物。

对于种子、禾苗，老农会根据植物属性给它们提供土壤、水分、肥料，种子、禾苗就按其自然规律生根发芽、破土而出、开花结果，自然而然地生长。至于作物如何生长，如何破土，如何拔节，如何抽穗，如何开花，如何结果，都是作物自己的事，根本用不着去管、去操心，放开手脚让作物自由生长。老农只需耐着性子，静静地等待，他不会急，不会烦，不会焦虑，更不会去拔苗助长。

当然，老农所提供的土壤、水分、肥料，一定是适宜的。土壤要先犁再耙，把大土块弄碎，把土地推平，农作物对应的土壤酸碱度要匹配。水分要适量，水少了不行，水大了要涝。施肥也要掌握度，肥少了养料跟不上，肥大了会毁庄稼。这就需要老农深入田间地头，适时观察，优化调整。

老农起早摸黑，辛勤劳作，付出汗水和努力，等待着大自然的回馈。然而，农业生产如生活一样，并不总是那样一帆风顺，有时会遭遇"天灾人祸"，诸如干旱、洪涝、冰雹、虫害等，这些都会影响农作物的生长和收成。

面对这些困难和灾害，老农不会气馁。不会泄气，而是会忍受着酷暑与疲劳，寻找克服各种困难和灾害的办法，用辛劳和耕耘精心呵护每一棵禾苗、每一株作物。他们知道，这些困难和灾害也许无法回避，但只要不放弃希望和努力，便总会有一个好收成。

即或收成不好，老农也不会在那里牢骚满腹、怨天尤人，一味责怪庄稼。他会反思自己的行为，是不是土壤不宜、浇水不够、施肥不足，是不是锄草不及时、病虫防治不到位，或者应对与消除各种自然灾害不力。

我们对孩子的教育也应该像老农对待种田一样，顺从孩子的天性，遵从孩子的生命节律，按孩子的成长节奏开展教育教学活动；千万不能急功近利，为了所谓的"对孩子好"，搞一些"弯道超车""加速奔跑""拼命抢跑"，置孩子的身心健康、成长规律于不顾。

教育不是万能的，学校教育也不是无所不能，教育不能越俎代庖、代替孩子成长。教育的作用与使命，就应该像老农对待庄稼那样，只需要给孩子提供适当、适合的环境与条件，激发孩子的内生力，让孩子自然而然地成长。在这一过程中，教育者不是马放南山、置之不管，而是不断优化环境和条件，积极创设孩子们成长的"土壤"，用上适合孩子们成长的"水分""肥料"，对孩子的成长给予信任、充分关注，随时观察——哪株"作物"歪了，及时扶持扶持；哪棵"禾苗"斜了，给以帮衬帮衬；哪些"庄稼"长势不好，加以培植。

在对孩子的教育中，有可能遇到一些波折，遭受不少挫折，经受很多坎坷，承受不可预料的变数。但我们应懂得，教育如一首歌，跌宕起伏实乃平常不过。因而我们更应该拥有坚韧和乐观的态度，以耐心和平和心面对教育的挑战，去拥抱教育中的每一个起伏，去化解教育中的每一个疑难杂症，去破译孩子生命成长中的每一个成长密码，让教育的人生之歌更加悦耳动听。

在面对不会学、一时学不会的孩子，面对那些比较"慢"的孩子，或者是我们没有教好的孩子，不要一味地责骂，更不要粗暴地侮辱孩子、体罚孩子，应该像老农那样，冷静地反思自己的教育教学行为——是不是对孩子不理解？是不是没有走进孩子的内心世界？是不是没有用到合适的教育方法？是不是有点操之过急？是不是没有调动孩子的学习积极性？是不是没有排解孩子的学习障碍与不良情绪？

对孩子的教育多些反思，多些改进，我们总能在无助中找到教育的方向，总会在无奈中扬起教育的风帆，总可以在无解中重拾教育的力量。

教育，其实没有那么高深。教育很简单，教育只需遵循一些基本的常识。老农种田，其实他们靠的不是什么高大上的理论，他们依据的也只是一些简单的农业生产常识。我们应多向老农学习，学习他们的种田智慧，增加与涵养我们的教育智慧。我相信，这样一来，我们的教育就会少一些盲从，多一些理性；少一些折腾，多一些美好！

第六章

重塑教育生态

最好的生命教育是重塑教育生态

近些年来，青少年学生轻生事件层出不穷，"生命教育刻不容缓"，已经成为全社会的共识。

的确，与成人相比，中小学生的心理更脆弱，更容易受到一些突发事件的影响，产生心理疾患。

生命很宝贵，且只有一次，每一个鲜活的生命，都是一种奇迹般的存在，都有其存在的独特价值。教育的起点是人、是生命，教育的一切是为生命做准备，是为了人的生命的唤醒、激扬、完善与点燃，生命是教育真实发生的前提。如果教育的对象都不存在了，教育还有什么意义。因此，我们应该重视并加强生命教育，让中小学生认识到生命的价值与意义，热爱生命，呵护生命。

事实上，很多地区和学校都十分重视生命教育，都将生命教育纳入了学校课程体系，有的还将生命教育纳入了教师教育内容和通识培训，甚至生命教育在不少地方不仅进了中小学，还进了幼儿园。一些幼儿园把生命教育融入孩子们喜欢的活动中，让生命教育真正做到了"从娃娃抓起"。

但是，为什么中小学生心理出现问题的越来越多？为什么正值花季的孩子要轻视自己的生命？

我又情不自禁地想到二十世纪的七八十年代，那时候的社会物资匮乏，学校条件也差，那个时候没有心理健康老师，没有心理咨询室，也没有搞什么生命教育、心理教育。那时的孩子在学校里面被老师批评是家常便饭，上学回家后放牛割草、下地干农活、被父母罚站罚跪更是经常的事。为什么那时的孩子就没有心理出问题的，也没有轻生的？

因为那个时候的教育还不"卷"，教育的生态也还好。孩子们高高兴兴上学去，蹦蹦跳跳放学回；学校的课时不多，学习任务也不重；在课间可以尽情打闹奔跑、嬉戏玩耍，上学的路上可以与风儿相伴、与朝霞同行；放学的路上可以掏鸟窝、拼火仗、做游戏；回家后，也没什么作业，周末更没有什么补习，就是干家务，同伙伴疯狂地玩。

当然，那个时候的父母心态也平和，不像现在的家长这么焦虑，一定要让孩子考高分、上名校。

反观今日的教育，应试教育愈演愈烈。孩子从早上七点多到校，到晚上六七点回家，十几个小时待在校园，没完没了的作业，没完没了的考练。为了安全，孩子课间十分钟的休息权利都没有了，校园没有了孩子的打闹，没有了孩子的奔跑，没有了孩子的笑声。孩子被当成了一个个接受知识的容器，一台台严密应试训练的机器。孩子拖着疲惫的身体回到家里，还要完成大量的家庭作业，节假日、周末还要上各种兴趣班、补习班、培训班。

孩子没有休息、没有闲暇，精神高度紧张，睡眠严重不足，心理负担过重，甚至有的孩子长期处于高压与恐怖状态。且不谈对孩子想象力、创造力的伤害，单就孩子的心理，能承受得了吗？能不出问题吗？

学校教育群策群力，综合施治，坚持学校每一个员工都有生命教育意识，每一个学科教师的第一身份都是生命教育老师，实施多学科联动、全学段贯通的生命教育，并通过家校共育引导更多的家长认可生命教育的必要性和紧迫性，关注孩子的身心健康与生命成长。这固然能够解决一些问题，但我以为孩子积极的生命观和对生命的珍惜与热爱并不是在几堂生命课中建构而成的，而是在正常的教育生态中孕育出来的，是在快乐而幸福的校园生活、学习生活中涵养起来的。

因此，我们应尊重教育规律，遵循教育常识，回归教育本真，让教育回到应有的逻辑起点，回到正常的发展轨道，回到自身的价值使命，在有温度、有人文、有人性的教育的场域中，筑造孩子生命的精神家园。这才是根治孩子心理问题的治本之策，这也才是最好的生命教育。

我们不是不重视生命教育，也不是缺乏生命教育的尝试，而是没有找准症结。真正的生命教育应该是修正不良的教育、重塑教育生态，避免不当的教育让孩子心理压抑以及对生命漠视，让孩子在友好的教育中感受教育的温度以及生命的独特意义。

别再让"百日誓师"为教育添"卷"

每年高考前,"百日誓师"活动便风起云涌。一些初中学校也纷纷跟风,搞起了中考"百日誓师"。

一些学校的"百日誓师"大会,打出的标语,诸如"提高一分,干掉千人""两眼一睁,开始竞争""只要学不死,就往死里学""死后自然长眠,生前何必多睡""就算撞得头破血流,也要冲进一本大楼"等,暴力血腥,火药味儿浓,煽动性极强。

一些学校的"誓师"现场,学生狂喊口号:"要成功,先发疯,死劲忘命地往前冲。""吃苦受累,一生不受罪。""分数就是金饭碗,一分难倒英雄汉。"……这些像打了鸡血的青少年学生个个热血沸腾。

还有一些学校在操场上举行誓师大会,要求学生"发誓":大声报出自己想要报考的大学校名,然后大声喊出自己的姓名,要连喊三遍,一声高过一声,一遍要比一遍声音大。

"誓师",最先源于军旅,指军队出征作战时,给将士鼓劲壮行,坚定必胜的信念和决心。《淮南子》中有:"躬擐甲胄,以伐无道而讨不义,誓师牧野,以践天子之位。"《旧唐书》也有:"巡神气慷慨,每与贼战,大呼誓师,皆裂血流,齿牙皆碎。"

"古来征战几人回。"战争是残酷的,随时都可能命丧沙场。以"誓师"

壮军威、提振将士们士气，当然是有必要的。而高考呢，毕竟不是战场，说到底它就是一场考试，虽然很重要，也很关键，但它不是唯一门坎，更不是生死坎。考得好，不一定人生就出彩；考得不好，并不意味人生就没有作为。

对于高考，功夫在平时，在考试外，在平常的点滴积累。我们应该拥有平常心，让学生保持宁静，正常备考，这才是学校的正确应对方式。

高考的竞争固然激烈，但并没有那么悲壮，让学生们以为"高考不成功，一生全剧终"，不但无助于高考，无益于学生备考，相反还会制造出一种极端的亢奋影响考生的情绪，甚至会让一些考生心态扭曲，把美丽的青春看成是一场考试的赌注。

学校不是考试工厂，培养的也不应该是考试机器。学校作为立德树人、教书育人的地方，最重要的使命是培养学生健全人格，让学生成人，成为一个个能够自信地走向未来的大写的人，成为一个个有爱心、有责任、有担当的正常人，因此应该坚持正确的办学观和教育价值观，而不是为了分数、为了功利，把学校搞得像战场、军营。

不可否认，在考前的高压氛围中，通过适当的活动和仪式，适度地鼓励、调节、纾解，可以起到减压与昂扬精神的作用。但是，如果将"誓师"异化成杀气腾腾的场面，则无异于大张旗鼓地搞分数崇拜、明目张胆地强化"唯分数论"，到头来只会恶化教育生态，为教育的"卷"推波助澜。

如果我们的学校能够把"百日誓师"变成"百日心理放松""百日校园感恩""百日快乐学"等活动，或许它会成为学生备考生活中的一份珍贵的记忆，反而能收到意想不到的效果。

学习本来就是一件自由轻松的事，为什么要如此制造紧张气氛？教育本来就是春风化雨般的浸润，为什么非要弄得雷霆威震、轰轰烈烈？校园本来就是心灵飞翔的蓝天，为什么要让其乌烟瘴气？学校本来就是放飞梦想的圣地，为什么要让其成为充满血腥味的战场？学生本来就是青春、灵气、朝气的代名词，为什么竟变得如此"慷慨激昂""面目狰狞"，像是一个个杀红眼的"战狼"？

我始终认为，除了奔跑，我们还要奔跑途中的风景；除了备考，我们还要多姿多彩的校园生活；除了分数，我们还要给学生陪伴他们一生的更重要的东西；除了在高考中胜出，我们更要让学生拥有积极的人生、一个好的人生状态。

别用"誓师"诱导学生只为一时的利益"决战"。教育如果充斥的是铺天盖地的"誓师"，这不是教育的荣光，而是教育的悲哀！

"到了非'退卷'不可的时候了"

前不久，与贵州赤水市教育局局长何勇通电话。

与赤水结缘，还是在 2015 年，那时我还在区域教育管理任上。赤水市教育局时任分管业务的副局长刘汉椿带领二十多位校长到阆中参观学校，由此相遇相识。随后，我又受邀到赤水回访，给赤水校长老师们做讲座，于是有了这份不解之缘，甚至有了 2017 年年会在赤水召开的酝酿和筹备。后来因为换届、人事的变化，赤水年会最终没能如期举办。也正是在那个换届之年，何勇由乡镇党委书记升任赤水市教育局局长。随后，他请我到赤水，我们一起看学校，一起主持校长论坛，一起交流、碰撞教育，我也因此深为他的教育情怀所折服、所感动。

这些年，我一直关注着赤水的教育，赤水的教育也在他的引领下，做得风生水起。

电话里我们又聊起了教育，谈到了时下的教育困惑与现象。

何局长说，教育太卷了，这样卷下去肯定是不行的、是要出问题的，现在到了非"退卷"不可的时候了。

我第一次听到"退卷"这个词，挺新鲜，也挺有意思。何局长告诉我，赤水教育已全面启动"退卷"，也就是退出拼分，退出单一的、恶性的竞争，建立科学合理的评估机制，对学生的综合素质和能力进行全面评估。考核学校、评价校长与老师，不是看他有多卷、分数考得有多高，而是看是否着眼于对教育规律的遵循、对人生命的尊重，是否让每个学生得以个性化成长，是否能够保证每个孩子正常吃饭、充足的睡眠、有交际放松的闲暇。

何局长所主张的这一切，也是我所为之向往并梦寐以求的。我在电话中表达了对何局长的敬意，并说在贵州黔西年会之后，去赤水对赤水教育做一些学习了解。

提前抢跑、疯狂乱跑、棍棒逼跑，以及疲劳战、消耗战、题海战，让师生苦不堪言，让家长有苦难言，让教育乱象丛生。

网络上流传的一个段子，便形象地做了概括与总结：现在的校园，幼儿园小学化，小学初中化，初中高中化，高中炼狱化……

对这种极不正常的教育，人人都在谴责，但大家又纷纷加入内卷大军，为其推波助澜。

现在心理有问题的孩子也越来越多，国民抑郁症蓝皮书（2022-2023年发布）显示：50%抑郁症患者为学生。如今加强学生心理健康工作，已经上升为国家战略。

想想我们那个年代上学，课本简单、作业不多、在学校待的时间不长，上学一路蹦跶、一路欢歌，放学上山掏鸟窝、下河捉鱼摸虾，回家放牛割草、干农活儿。老师也经常带我们去野炊，去远游，去玩雪，去看春天的花，去欣赏秋天落叶的树。那个时候我们也挨老师的骂和父母的揍，但鲜少有轻生的学生，也没有心理异常的学生。

而现在的孩子呢？一天待在学校十几个小时，各学科轮番轰炸，吃饭上厕所都是匆匆忙忙，晚上回家还有作业，长期处于超负荷与高强度状态中，小小年纪承受了不该承受之重。他们怎么受得了？怎么不出问题？

河南省教育厅厅长毛杰打响了向教育内卷宣战的第一枪！河南规定高三晚自习不允许晚于九点半下课，禁止周六周日补课，打出了消解教育内卷的组合拳。

贵州赤水市教育局局长何勇，在一个县域内做教育的减法，开启了教育"退卷"模式。

如果有更多像毛杰这样的厅长，有更多像何勇这样的局长，不急于求成，不急功近利，小步慢走，敢于破冰，勇敢地担负起"剧场管理员职责"，及时叫停那些站着看戏、站在凳子上看戏甚至站在桌子上看戏的人，"剧场"便会宁静，教育便不会如此"卷"，也不会落到如此地步。

主动放弃内卷，人人自觉"退卷"，用教育内在的规律去办学，以人成长的思维去育人，教育才有可能日益美好起来。当然，这会很难。但是，这是"难而正确的事"，我们应该有这样的决心和勇气！

教育常识为何如此稀缺？

近段时间，"把课间十分钟还给孩子"的呼声越来越高，甚至新华网、《新京报》《中国教育报》等多家媒体还撰文疾呼，央视新闻、教育最高部门也出面一而再、再而三地强调。

课间十分钟，作为中小学生调节学习状态、消除疲劳和相互交流的重要时段，是他们丰富多彩校园生活的幸福时光，也是他们快乐而愉悦的童年的珍贵记忆，更是他们未来美好人生的不尽回味。

回想我们读书的年代，听到下课铃声一响，我们就像欢快的鸟儿，飞出了教室，在那凹凸不平的泥土操场上尽情玩耍，整个校园像是水突然沸腾了一样，充满了各种欢呼、大笑与叫喊。

然而如今的课间十分钟怎么没有了？怎么变味了？怎么消失了？这宝贵的十分钟，本来是属于孩子们的，孩子们应该放松调节、自由支配、尽情释放，谁也没有权利剥夺，谁也没有权利设限，谁也不能把课间十分钟变成"课间圈养"。这是最基本的教育常识。然而社会发展进步到今天，怎么竟然连这最基本的教育常识都变得如此稀缺了？

之前我到过一些学校，下课铃声响后，校园没有孩子跑动，校园也没有欢笑、打闹声。我甚是不解。经了解，才知道是学校做出规定，课间除上厕所，其余的都要待在教室里。究其原因，是一些学校担心课间十分钟孩子自由奔跑打闹，有可能出现碰撞、擦伤等安全事故，怕家长大闹校园，找学校和老师的麻烦，怕被问责追责，于是就采取了限制学生课间活动这种"既省事儿又保险"的招数。

"消失的课间十分钟"，我以为消失的不仅是中小学生自由活动的时间，消失的更是孩子幸福的童年、校园的活力、对教育规律的尊重、对教育责任的担当、对教育良知的坚守。

为什么现在青少年肥胖、近视的现象愈发严重？为什么当下很多孩子抑郁？为什么目前教育问题不少？虽然不能把责任全部推给"消失的课间十分钟"，但这给孩子们带来的身心影响和危害，却不容小觑，值得警惕。

教育需要良知与温度，决不能因噎废食，教育管理也不能简单粗暴。因害怕出安全事故，就剥夺孩子课间的乐趣，就明目张胆违背教育常识，这实际上是一种懒政。

玩闹是孩子的天性，是童年的属性，是孩子认识世界、探索世界的方式，也是校园的本性，是学校的特性，是教育充满快乐、弥漫幸福的表达。在紧张的课堂学习之余，让孩子拥有"课间十分钟"，充分享受"课间十分钟"，才能让孩子更好地专注于一节又一节的"课堂四十分钟"。

当然，要把课间十分钟真正还给孩子，除了学校有对学生的关爱、对教育规律的遵循、对管理水平提升的智慧与勇气外，家长还要与学校和老师多些沟通，多些理解，多些包容，多些善意。要懂得，温室的花朵经不起风吹雨打，缺乏抗挫力的孩子的人生更走不远。

教育主管部门更应建立起公平适度的校园安全责任防护与分摊、具有人文人本的校长、老师保护与关切机制，使学校和老师能够甩掉"束缚"和"担心"，放心大胆地开展正常的教育教学活动。

我以为，什么时候能够把课间十分钟真正还给孩子，我们的教育才会日益向好，逐渐美好起来！

请给老师一个完整的寒暑假

寒暑假，按理说应是老师最开心、最幸福的时光。

毕竟辛苦一学期了！在"双减"政策下，大多数的老师都是一大早到校，天黑才拖着疲惫的身体回家。在学校，教师每天不仅要备课、上课、批改作业、照管学生，还要搜集情况、统计数据、填写表报、准备资料、对接考核、应付检查、忙于评比，甚至还要承担很多与本职工作毫不相关的事情。即使是周末，老师们也闲不了，学情分析、教学反思、课件制作、家校沟通、读书写作、自我成长……很多教师可以说基本上没有什么空闲时间。

老师是人，不是神，他们需要松弛，需要调整，需要休养生息；老师们也需要照顾家庭，侍候老人，辅导孩子，料理家务。对于个别身体不是很好的老师，还指望利用假期看看医生。

利用寒暑假期，老师们正好可以放松自己的心情，调理自己的身体，以良好的面貌与状态，迎接新学期的到来。然而现在教师的寒暑假却逐渐在被"蚕食"，寒暑假托管，寒暑假学习、培训……凡此种种，老师的寒暑假所剩下的天数也就屈指可数。

在寒暑假给老师派一大堆活儿、安排一摊子事，都是从良好愿望出发，甚至有很多考量和理由。但是我想说的是，一方面，教师法明确规定，教师享受国家规定的福利待遇以及寒暑假期的带薪休假，寒暑假是教师理应享受的权利，如此被"蚕食"与"肢解"，教师享有的应有休息权，如何体现与保障？

另一方面，再精良的机器，持续运转一段时间之后，都得维护与保养，作为"人"的教师在超负荷工作之下，更需要休息、调节。如此让教师的假期缺斤短两，让高强度运转了一学期的教师得不到应有的休息与调节，他们能够很好地担负起新学期繁重的教育教学任务，承担起新形势下教书育人的使命吗？

再者，教师的职业幸福之源，除了教师职业的内在美、永恒美、高尚美外，其中最现实的一点就是教师职业有相对长的寒暑假，可供自己支配。如今寒暑假却大幅度"缩水"，让教师的职业幸福感也大打折扣。要明白，美好需要美好成全，幸福需要幸福成就。只有教师充分享受到职业幸福感，才能教出幸福感爆棚的学生，也才能办出令人民满意的幸福教育。试问，如果没有幸福的教师，会有学生的幸福以及教育生活的幸福吗？

其实，一些人选择当教师，从某种角度讲，都是冲着教师有较长的寒暑——这可以说是教师职业吸引力的一个方面。如今让寒暑假大打折扣，有可能使教师这份职业的吸引力大大降低。如此一来，还能够吸引更多的优秀人才安心从教、静心育人吗？

给教师一个完整的寒暑假，让教师享受到生命的自由、闲暇和从容，职业的高雅、幸福与尊严，这不仅仅关乎教师自身，更关乎教育的高质量发展、国家的富强与民族的振兴！

可宣传，但不可大肆渲染

每年高考出分期间，关于高考的宣传都铺天盖地。拉横幅，发喜报，放烟花，搞庆祝，针对高考的高分、状元、升学率的炒作，更是令人眼花缭乱。

老师们辛辛苦苦奋战几年，在高考中取得了好的成绩，学校以适当的方式宣传宣传，鼓舞鼓舞士气，凝聚凝聚人心，振作振作精神，让学校得到社会充分认可，这完全在情理之中。但任何事情皆有个度，过犹不及。对高考适度宣传是可以的，欢天喜地庆祝一下也不是不行，但不要搞得太离谱。

君不见，一些学校因为有了高分、状元，便不可一世，自吹自擂，上"纲"上"线"，极尽标榜之能事，把可能的偶然硬是弄成了响当当的必然。还有一些学校，面对高考中取得的一丁点成绩，非要来个无限放大，吹得天花乱坠。更有一些学校，哪怕成绩平平，也要无中生"有"，挖空心思，用显微镜找出一些优势大做文章、大肆宣传。

之前高考成绩的宣传都比较直接，在"严禁宣传高考状元，以及高考升学率"禁令出台之后，各地高考的"花式宣传"，却如雨后春笋般涌现，花样百出，暗藏"玄机"……

"未来湖里荷花再度盛开，据悉一共有895朵荷花绽，直径600毫米以上203朵。"乍一看，还以为说的是荷花长势，其实，宣传的是高考的战绩，"895朵"应该是上一本线的人数，"直径600毫米以上203朵"，是说600分以上高分人数 203 人。

"今年山东省 XX 中学校园内的爬山虎枝繁叶茂！全省长势喜人的前 50 棵爬山虎里，省实验有 3 棵；前 100 棵里，省实验有 5 棵；前 200 棵里，省实验有 9 棵。近 90％ 的爬山虎都超过了特级 513 品质。预计至少 18 棵顶级爬山虎能顺利进入京城清北两大花木市场。桃李不言，下自成蹊，XXX 的园丁们辛苦了！"不言而喻，这是一份新颖别致的高考喜报，说的是全省前 50 名，这所学校有 3 个，前 100 名有 5 个，前 200 名有 9 个，近 90％ 的学生超过了一本线，至少有 18 名学生将被清华大学、北京大学录取。

某地的高考喜报，将六月高考季比喻成丰收季，将学生考上名校比喻成"鲤鱼跃龙门"，总共有 31 条乌鲤捐赠给了"圆明园及五道口"，也就是有 31 名学生考上了北京大学和清华大学。

某学校用帝王蟹重量比喻本校学子高考分数，说"今年渔业大丰收，其中收获了一只高达 715 公斤的帝王蟹"，其真实含义是本校有名考生考出 715 分的高分。该校还用 650 公斤以上的帝王蟹有 13 只，暗示今年有 13 名学子的成绩在 650 分以上。

还有的将学生们比喻成芒果，将学生的分数比喻成芒果的克数，用"不带叶"暗示裸分，说这名学生是该地区的"水果王"，京城的两大水果商已经闻讯来抢购，也就是说清北已经来招生了。

除了用水果、花卉、树木、鱼蟹进行暗喻，还有用高铁提速进行宣传报喜。尽管绕过去绕过来，其实明眼人一看，就知道表达的是什么。

谁知道一山高，另一山则更高。某地某校的"反向宣传"，则更令人叫绝。

"请全体老师注意，高考成绩揭晓，请全体老师严守《XX 市中高考宣传发布工作十严禁》规定，勿在任何网站、微信公众号等发布任何关于高考的消息，不允许宣传 XX 一中得状元，更不能暴露文科裸分和总分状元都在 XX 一中。违反纪律者，学校将按相关规定严肃处理。"

这的确是技高一筹！通过这个严肃的通知，反弹琵琶，反向宣传，让人不得不佩服其"聪明智慧"！

其实已有明文规定，严禁学校以校友会、家长委员会等各种名义，通过"高考喜报"、捐资助学等各种形式宣传炒作"高考状元""高分考生""高考升学率"等高考成绩信息。但是不少学校仍然打擦边球，以家委会名义发送信息，发布喜报，推波助澜，吸引眼球。

当然不排除有个别学校，在宣传自己时还有意贬损、诋毁其他兄弟学校，以抬高自己、标榜自己，把自己的声誉建立在他人的痛苦之上。

从学校角度来说，学生考得好，固然值得庆贺。但我们大肆宣传炒作的时候，有没有想过下面一些问题。

一来高考似打仗，永远没有常胜将军，抑或是哪一年考败了、不如意了，那个时候又该情何以堪？如何面对？

二来在我们趾高气扬地宣传那些考得好的学生时，有没有想过那些不擅长考试以及考试发挥失常、考试分数低的学生，他们是一种什么心情和感受？要知道，手心手背都是肉，这些孩子也是我们的学生，他们考得差，本来就异常郁闷、承受着巨大的压力，我们这样做，是不是在他们伤口上撒了一把盐？

三来对于那些占尽优势，拥有连其他学校想都不敢想的资源的学校，考得好、得高分、坐收状元，那是天经地义的事，大肆宣传能够服众吗？换一个普通的学校，有这个效果吗？我以为越宣传只会带来更多的反感，挑起更多的矛盾。

四来对于那些靠不择手段"掐尖"、买优秀学生、垄断优质生源的所谓名校，这个时候竟理直气壮地宣传如何创造辉煌，我想，哪怕属实也难以让人信服。或许有人会质问：咋不把当初以怎样的方式挖生源也宣传宣传？在"虹吸"下，周边学校生态日益凋敝，不觉问心有愧，竟还有颜面与勇气来宣传！

五来将高考分数进行大肆炒作，所传递出来的完全是一种短视功利的评价导向，只会使教育越来越内卷、家长越来越焦虑、社会越来越喧嚣浮躁。这种教育的剧场效应，愈演愈烈，何时才是头？

　　鲁迅说："无穷的远方，无数的人们，都和我有关。"在若干长的灾难链接面前，我们每一个人都有难以推卸的责任。对于乱象丛生的教育，每一个教育者置身其中，不要以所谓的成绩而沾沾自喜，其实受害的不仅仅是学生，还有我们自己。

　　在宣传高考的时候，建议多点理性，多点平和心态。这不仅对孩子好，对家长好，对教育好，对这个社会好，也对我们自己好！

胡鑫宇带来的教育反思

举国轰动与关注的胡鑫宇案件已水落石出，警方认定为自缢身亡。这个时候，再去怎样猜测与质疑、假设与判定，已无济于事，没有任何意义。相反，我们更应该从中痛定思痛，深刻反思。

反思一 ｜ 胡鑫宇为什么要轻生

胡鑫宇在他那充满活力与希望的年华，本该珍爱生命、珍惜亲情、珍重美好的一切。然而他却选择了极端的方式，用鞋带上吊自缢，结束了自己的生命。

最初，铺天盖地的网络信息、网络侦查，似乎认为是刑事案件。然而从新闻发布会上发布的相关内容来看，胡鑫宇在到致远中学就读后，便出现成绩不理想、对新环境不适应，以及和同学关系不和谐的情况。加之他性格内向、缺乏情感支持，也缺少情绪宣泄渠道，让他有了厌世和轻生的倾向。多次在网络上说人生没有意义、想跳楼，多次表达轻生意愿。

也就是说，胡鑫宇很早就有了严重的心理问题，失眠、压抑、抑郁……而他的这些严重的心理问题却没有被看见。他想自救，却无力；想诉说，又无人；想求救，更无门，最后让自己形单影只，活成一座孤岛，并最终酿成

144

悲剧，令人痛心不已。

近年来，青少年心理健康问题逐渐凸显。2021年公布的我国首份《中国儿童青少年精神障碍流行病学调查》显示，在6~16岁的在校学生当中，有约17.5%的孩子患有精神障碍。早前中国科学院心理研究所发布的《中国国民心理健康发展报告》(2019–2020)显示，我国青少年抑郁检出率为24.6%，其中重度抑郁的检出率为7.4%，检出率随着年级的升高而升高。这不能不引起我们的深思和警醒！

反思二 ｜ 假如他的父母及早察觉，是不是就可以避免悲剧的发生

在网上曾看到一张照片，是胡鑫宇妈妈在孩子刚刚失踪时手持"还我孩子"的牌子到学校哭闹，当时我还真以为是学校把她的孩子怎么样了。

其实，胡妈妈对自己的孩子在上了高中后的表现，是了解的。胡鑫宇在轻生前曾多次打电话给胡妈妈，时间长达40多分钟。他哭着说自己不想读书，想要回家，表现出严重的厌学情绪，甚至有轻生的倾向。可是这个时候胡妈妈并没有引起重视，一直在外面打工，忽视了孩子的心理变化，也忽略了孩子在孤苦无助的情况下发出的求助信号，以致铸成永远无法挽回的结局。

如果那个时候，胡妈妈能够读懂孩子的心理，能够从40多分钟的电话中捕捉到孩子的孤独与无助，并及时化解。

如果胡妈妈能够给予陪伴和安抚，懂得尽管打工维持生计重要，但孩子的成长比生活更为重要。

即使实在难以抽身，胡妈妈能够在电话那端及时给予孩子心灵的抚慰和疏导，让他觉得被需要被爱。

再如果……

或许悲剧就不会发生。可惜，这个世界上从来没有"如果"。

此时我想说的是，希望天下为人父母者，都能由此引以为戒，都能明白关心孩子不是仅让孩子吃饱、喝足、穿暖就好，而是要掌握一些心理健康知识。当孩子出现睡眠障碍、食欲不佳、精神不振、言行异常、情绪失控、诉说委屈时，父母应保持高度的敏感，及时察觉，主动跟孩子交流，鼓励孩子表达内心的感受，请求学校和老师的帮助，别让"习得性无助"击垮自己的孩子。

反思三 | 学校教育多一些改进， 是否就可以抓住一个鲜活的生命

胡鑫宇事件虽然最终认定为自杀，学校看似没有多少干系，但是从披露的胡鑫宇事件的诸多细节中，仍然暴露出学校教育中存在的问题以及一些不足。

胡鑫宇入学后，出现了睡眠、进食、情绪等方面的问题。他不仅在笔记本上写满消极言论，如"吐了，新环境真的难适应，我这内向的性格真烦，也不能全怪性格吧，毕竟自己就是这么一个人，可以通过写东西来缓解一下这份心情"，在社交软件中发布"我试着销声匿迹，原来我真的无人问津"，多次与同学说"人活着有什么意义""我是否存在，已经没有意义了"，而且在课本最后一页写道："如果不活了，将会怎么样？"

假如学校教育时时荡漾着爱的气息，处处弥漫着爱的温暖，能够坚持孩子第一，时时心中有孩子，处处看得见孩子，时常注意孩子的日常行为表现，多观察孩子的点滴变化。

假如教育不那么焦虑、功利化，不那么以分数论英雄，不那么应试，不给孩子那么大的压力。

假如教育能够尊重规律，尊重个性，给学生营造一个舒心的学习环境，

胡鑫宇在入学仅仅一个多月时间里，就不会出现心理问题。

假如学校坚持立德树人、五育并举，在抓智育的同时，不忽视德育、体育、劳育、美育，而且将心理健康教育纳入学校整体工作计划，按要求开设心理健康课程，普及心理健康知识，开展形式多样的心理健康教育活动，丰富孩子的学习生活，成立心理健康指导中心，为孩子提供心理服务，或许胡鑫宇的心理问题可能得到有效调适和校正。

假如学校重视生命教育，真正把孩子的生命成长放在第一位，告诉孩子生命的宝贵，培养孩子健康的生命意识，让孩子了解生死的意义，懂得热爱生命、善待生命，相信胡鑫宇决不会这样轻易地放弃自己的生命。

再假如……

或许就能够抓住这个站在悬崖边的孩子。

在木已成舟时，已经没有这么多"假如"了。但是可以这样说，胡鑫宇事件给学校教育敲响了警钟。

教育因生命而精彩，生命因教育而绚丽。教育应该重塑生态，打破剧场效应，为孩子提供多样的生命支柱，为他们拥抱美好生活提供多种可能，为他们幸福的人生奠定基础，为他们感受到生命存在的意义与价值，担负起教育应有的责任和使命。不然，当我们的教育被剥离得只剩下激烈的分数竞争和学业的压力时，那些不知所措、脆弱的孩子，其生命大厦随时可能崩塌。

让教育少一些胡鑫宇这样血淋淋的代价吧！

第七章

把童年还给孩子

"这些滚铁环的孩子永远不会轻生"

参加重庆市彭水自治县阅读与书香建设启动仪式，并做"阅读与书香校园建设"讲座。之后，我们分头来到彭水各学校调研这里的读书活动开展和书香校园建设情况。

平安镇小学，坐落在大山深处，距县城 30 多公里。我们一大早便驱车来到这里。

这是一所有一千多名学生的九年制一贯学校。进入校园，几棵樱花树正灿烂盛开，一树树繁花挤满枝头，织就了春日里的生机与浪漫，也和着读书亭、清澈见底的池塘、曲径通幽的小道，为乡村校园增添了诗意与情趣。

漫步校园，正赶上孩子们大课间活动。下课铃声一响，孩子们像一只只快乐的鸟儿飞出教室，以最快的速度在操场里列队跑步，他们踩着口令，顺着节拍，迈动双腿，像一条条巨龙游动交织穿梭。

跑步之后，是学校自编自导的扇子操，只见孩子们手执扇子，一个个神情专注。音乐响起，扇子在他们手中挥舞，扇影翩翩，扇姿如梦似幻，令人陶醉。

大课间的自由活动，有的打球，有的跳绳，有的跳皮筋，有的踢毽子，有的打弹子，有的玩空竹，有的老鹰捉小鸡……整个校园顿时活跃了起来，成了欢乐的海洋。

这些年，全国各地学生生命安全事故频发，牵动了无数人的神经，引起了广泛的关注和重视。

有的校园，为了防止学生轻生，竟然在楼房的二层以上，拉起了密密麻麻的铁丝网。

看到这里的孩子，他们一个个活泼开朗、阳光自信、眼神都闪亮闪亮，特别迷人、动人，我在想，这些孩子是不可能轻生的。

我们离开平安小学，来到彭水县思源学校，这是一所有三千多名学生的初级中学。学校张校长等一班人一边给我们介绍学校发展情况，一边陪我们参观学校温馨的教师咖啡书吧，以及利用校园空地开辟而成的劳动实践基地。我们正沉浸其中，感受校园环境的优美清爽、文化的浓郁飘香、教师昂扬的精神风采，突然满校园沸腾了起来。

"叮叮叮，叮叮叮……"熟悉的声音响起，紧接着是一个个灵动的身影从我们身边掠过。原来是一群滚铁环的孩子，有男孩，也有女孩，从身高判断，有初一孩子，也有即将中考的初三孩子。

铁环是一个古老的玩意，一个铁圆环被孩子用带钩的手柄掌控并在地面上向前驱动着，铁环发出悦耳的声音。我记得在我们那个年代，滚铁环就是最重要的游戏项目之一，是滚铁环陪我们度过了欢乐难忘的少年时光。

那个时候，弄个像样的铁环可不容易，往往是把家里用坏了的木桶上的铁箍拿来当作铁环滚。

孩童时代，铁环几乎是人手一个，也算是乡村孩子的标配了。每天我们滚着铁环上学，滚着铁环放学。在上学或者放学的路上，在乡村的阡陌小道，总能看到一个个系着红领巾，唱着歌，滚着铁环上学、放学回家的孩童。

而一到课间休息时间，校园里到处都是滚动的铁环，铁环声、笑声、嬉闹声，不绝于耳，非常热闹。也是那个时候，调皮的孩子可能骂没少挨、罚没少受，却没有要轻生的。

思绪从远方拉回现实，我看着眼前这一个个天真烂漫的孩子，听到铁环滚动所合奏出的这样一支悦耳和谐的乐曲时，脑海里突然冒出一句："这些滚铁环的孩子永远不会轻生！"

是的，这些中学生永远不会轻生！因为这些滚铁环的孩子，喜欢玩，乐观，情绪好，有自己消遣和排解的形式。这些孩子往往内心强大，抗挫力强，能坦然面对坎坷曲折，不会把自己成天搞得神经兮兮的，也不会让自己一味陷入刷题、考试、青春期的苦闷里，遇到再大的事，他们都不会轻易被击垮。当然，更不会拿生命当儿戏。

遗憾的是，现在的校园，特别是中学的校园，孩子生活单调，不是考试就是刷题，他们没有放松的时间，没有调适的空间，以致个性没办法张扬、天性不能够充分释放，以至于没有感受到他们这个年龄应有的快乐与幸福。

孩子在他们这个年龄，需要玩耍，需要运动，需要被看见，需要被尊重，也需要蓬勃的生命力。生命力越旺盛的孩子，内心才越淡定、越阳光、越坚强。不然，苦闷、委屈、惶恐、悲观、压抑，将会像恶魔一样缠绕着他们，稍不如意，情绪崩溃走向极端，便可能导致无法挽回的结局。

让更多的孩子动起来，把铁环滚起来，让更多的校园回荡着清脆的铁环滚动声和孩子们的欢呼声。有可能，孩子们快乐了，教育，就好了。

我以为，这比在楼层拉铁丝网，管用得多！

不妨让孩子干点"无用"之事

又是一年寒假。

一些父母认为这是让自己孩子弯道超车的大好时机，因而在对孩子的时间安排上分秒必追、无缝衔接，而且都是冲着所谓的"有用"——刷题，培训，所有的一切好像都必须与学习产生关联，都必须以提高分数为目的。

假期，相对于孩子的平时学习而言，那是一种不一样的生命状态。在这样的一段完全属于孩子的时间中，家长们应该让孩子们自由支配，以充分释放过往阶段学业上的压力、身心上的疲惫，同时也让孩子通过假期适度调节、养精蓄锐，能够以饱满的热情、昂扬的精神、全新的姿态，开启新学期的学习生活。

如果家长硬要人为地把寒假变成孩子的另一种作业和功课的延伸，让寒假成为孩子们的另一个学期，则可能泯灭孩子的学习兴趣、浇灭孩子的求知欲望，让孩子产生厌学情绪。

假期，我以为，除了让孩子们围绕"有用"写写作业、温习温习功课外，更应该让孩子干点"无用"之事。

比如让孩子玩耍，让孩子做点家务劳动，让孩子参加体育运动，让孩子参与实践体验，让孩子读点课外书，等等。

"无用之用，方为大用。"在这个世界上，有很多事情是无用的。比如文学、诗歌、音乐、美术；但假如这个世界上没有了这些，很难想象这个世界将会是一个什么样子。再比如茶道、旅行、摄影、聊天，比起那些经邦济世的事情，也好似没有多少实际用处。但如果缺了这些，更难预料人们的生活又是一种什么样的状态。

有人曾说："读一些无用的书，做一些无用的事，花一些无用的时间，都是为了在一切已知之外，保留一个超越自己的机会，人生中一些很了不起的变化，就是来自这种时刻。"

在父母们看来常常最无用的玩耍，正是孩子们在他们这个年龄最美好的时光，也是滋养他们生命成长的精神养分，更是让他们释放天性、享受童趣、收获幸福童年的绝佳方式。

而让孩子们做点家务劳动，比如择择菜、拖拖地、擦擦桌子、洗洗衣服、做做饭等，很多家长认为这些中考高考又不考，那不重要。然而父母们不知道的是，劳动能让孩子们在身、心、灵三个维度上去学习、去认知，对他们品格的发展、核心素养的养成影响深远。可以这样说，劳动对于孩子一生的意义应该是奠基性的，不可替代的。

孩子们参加体育运动，不少父母觉得"运动影响学习""运动分散精力""运动会养成贪玩的习惯"。殊不知，运动对孩子一生的发展具有重大价值，不仅能够健康身体、促进发育、提升智力，而且能够磨炼毅力、顽强意志、增强他们的心理素质。

孩子们参与实践体验，利用假期让孩子走到大自然，走到农村，走到社区，走到厂矿企业，走到博物馆，甚至走到名山大川。去看蓝天白云，去呼吸新鲜空气，去感受风土人情，去体验祖国壮美河山，去参加一些诸如社会调查、送温暖、慈善公益等社会实践活动。这些虽然不能直接提分，但是能够让孩子在参与中了解社会、拓宽视野、开阔眼界、丰富阅历、涵养情怀、提升合作与交流能力。更何况，新课标、新高考，已把学生参与综合实践活动情况纳入评价标准和考核体系，这将直接影响到孩子的学习和考试成绩。

让孩子读点课外书，读点他们喜欢读的书，这看似跟成绩无关，然而在这样一个徜徉与饱览"无用"图书的过程中，孩子会拥有更灵活的思维、更宽泛的知识面、更深刻的理解力。不仅如此，由此所养成的阅读习惯，将会成为陪伴孩子们一生的宝贵财富，会给他们的精神烙上底色，并赋予万千的气象，而所注入的文化基因，会在他们的未来人生中以独特而高雅的方式呈现出来。

教育不能太实用主义，不能只以需求为导向。教育应该放开，让学生胡思乱想，只要他想的与逻辑相吻合，就不要去约束他。

我以为，孩子的假期，家长也不能太实用主义，应该转变思维，把寒假还给孩子，让孩子在假期多运动、多玩耍、多劳动、多体验、多阅读。

在这些看起来无用的小事上多发力，孩子今后的学习才有可能更投入、更轻松，未来的人生才可能更优雅、更美好！

孩子假期沉迷于手机，怎么办？

假期接触了一些家长，他们叫苦不迭，说暑假太漫长了；假期里的孩子太难管了，成天抱着手机，沉迷于手机世界，不愿做作业，不愿跟家人、同学交流，经常玩手机玩到凌晨两三点，第二天蒙头睡一上午懒觉；没收了手机，他就会情绪低落、烦躁不安，甚至向父母发脾气、歇斯底里地吼叫。他们着急地问该怎么办。

我说，当下谁不喜欢玩手机？别说孩子，当父母的不也随时拿着手机在玩？你看，在公共场合，到处不都是刷屏一族？当大人的能玩手机，孩子怎么就不能玩呢？

手机，是现代科技的产物，是互联网时代最具代表性的标志，一个孩子不喜欢玩手机，你会不会更着急？

我们千万不要把手机当成洪水猛兽，也千万不要把喜欢玩手机的孩子想象成有问题、不可救药的孩子。

手机好比一把锋利的双刃剑，孩子玩手机上瘾，无法自拔，当然会带来很多坏处。但是孩子也仍然可以用手机进行学习。

为什么现在的孩子不像过去我们读书的时候那样尊敬老师？因为在我们读书的年代，获取知识唯一的渠道是老师，老师就是我们心中的神、心目中的偶像，所以学生对老师都尊敬有加。

而现在的孩子，离开了老师，他可以利用网络和手机学习，因而对老师的依赖性没那么强了。如果孩子接受的新鲜事物和新知识比老师还要多、比老师的知识面还广，你说孩子凭什么尊敬你？

这个世界上很多东西都有两面性，比如水、火，水火无情，难道我们就因为有洪水泛滥成灾、有猛于虎的火灾，而不用水、不使用火吗？

同样，对于手机，我们不能仅仅因为孩子玩手机可能上瘾，就一味没收禁止。

一方面，我们需要给孩子提供一些好玩的活动。我们现在总怀念童年时光，静坐听蝉鸣、爬树掏鸟窝、下河捉鱼虾……那个时候虽然没有手机，我想，即或有，也不会太沉迷于手机。因为那时可玩的东西、可玩的活动太多了，而且远比手机好玩。现在的孩子，没有这些活动玩了，而且家长、老师也没有胆量让孩子们玩我们小时候玩的那些。

"玩"，是孩子的天性，也是孩子的本性，当孩子们没有可玩的活动，他们就只有玩手机了。

要想孩子不玩手机，我们就应该设计一些比手机更好玩的活动。比如让孩子参与手工制作；让孩子与小朋友们一起做游戏；让孩子到户外看蓝天白云、听潺潺流水、感受小草呓语、目睹蚂蚁搬家；让孩子在寂寥的夜晚，托着腮帮子一边想月宫传奇，一边数天上的星星；让孩子在灯火阑珊的时候，静静地听爷爷奶奶讲过去的往事和书中那些神奇的故事……

如果孩子周围都是这些好玩的活动，他们会时常惦记手机吗？他们会沉迷其中而不能自拔吗？父母还犯得着这样着急焦虑吗？

另一方面，尽可能走进孩子，关注孩子的内心世界。孩子为什么爱玩手机？因为手机里好看的东西多、有吸引力，特别是好玩的电子游戏，有趣，能够互动、体现平等、讲究规则，有很强的参与感和成就感。这恰恰是孩子们在学习生活中所缺少的。

想一想，我们平时对孩子的要求是不是除了学习、作业，就是名校和分数。当孩子沉迷于玩手机时，我们除了谴责、愤怒，除了没收和禁止外，我们考虑过孩子的内心世界吗？考虑过孩子的真切感受吗？与孩子好好交流过、认真听过他们的诉求吗？

我以为，只有真正走进孩子的内心世界，了解孩子，理解孩子，陪伴孩子，我们才能最终帮助孩子摆脱对手机的沉迷，才能让孩子获得更多的成长。

同时，我们需要与孩子"约法三章"，建立一个有效的玩手机计划与保底的学习机制。我的小孩出生于20世纪90年代，那时候没有手机，我在乡村学校当老师。我用稿费买了一台在当时挺值钱的游戏机，小孩儿特喜欢玩，玩得也很专注。在我看来，喜欢打游戏不是坏事，可以益智，可以锻炼手、眼、脑、心的协调配合能力。直到上高三他都喜欢打游戏，但他没有沉迷其中，而是把打游戏作为一种放松、一种休闲、一种自我调节。因为从最初打游戏起，我们就有一个约定，每天可以玩游戏，但必须有时间限制、有学习保底的目标。

让孩子不沉迷于手机，父母也要以身作则。最好的教育莫过于示范。作为家长，首先要言传身教、以身示教。和孩子在一起的时候，自己尽量不玩手机，尽可能多地陪伴孩子，多和孩子交流，多进行亲子互动，让孩子发现真实生活中的美好，让孩子觉得这些比手机更有趣、更好玩。

如果我们能做到这些，我相信我们的父母就不会为孩子在假期玩手机而诚惶诚恐了！

让孩子在生病时歇一歇又何妨

记得我们小时候，常常"盼生病"，因为生病了就可以享受"特殊待遇"：母亲会给我们弄点好吃的，煮一小碗汤面，加一勺熟菜油，飘一点小葱花。在那样的年代，这可算是佳肴美味了。更为重要的是，还可以不去上学。尽管那个时候学习轻松，也没有什么作业，自己也喜欢学习，但还是想着办法逃学。

现在的孩子却没有这个"福分"，也打不响这个算盘了！如今的生活条件虽然犯不上为吃点好吃的而"绞尽脑汁"，但是想"假生病"逃学、逃作业肯定逃不了啦！没发现当下许多真生病的孩子，都一边输液一边写着作业，你"假生病"还逃得脱吗？

健康是第一位的，没有健康，其他一切都等于零。我每次看到生病的孩子一边难受着，还一边一只小手输液，一只小手写作业时，心里就像打翻了的五味瓶一样，有说不出的滋味儿。

孩子的作业就这么重要吗？孩子的学习需要这样拼吗？少写点作业又怎样？孩子生病了就歇一歇，难道天会塌？

人生病了就应该好好休息、好好调节，这是多么简单的常识。不说我们对待孩子，就是老农对待牲口，也不会是这样。

牲口如若生病了，老农会请来兽医，及时治疗，妥妥照顾，在生病康复期间决不会让牲口干活。因为他懂得，一旦在这个时候让其劳累过度，把牲口使坏了，就劳民伤财，得不偿失了。

身为父母，怎么连这个道理都不明白？父母对待孩子，怎么这么悖逆人性，怎么连老农对待牲口都不如？

更何况，孩子生病时抵抗力下降，各种生理机能也处于脆弱状态，在医院强迫赶作业，既不利于身体康复，又会助长孩子的厌学情绪。把孩子的生命之弦绷得这么紧，万一某一天断了怎么办？

我们不是常说要把快乐还给孩子、把童年还给孩子吗？连生病了都不能休息，还指望孩子有一个快乐的童年吗？

有一些父母可能会说，人心都是肉长的，家长何尝不心疼生病的孩子；但是教育竞争这么激烈，谁还敢懈怠？走慢一步，后悔一路；掉下一道题，落后一大截；丢下一张卷，落后一大半，一分有一分的用途、一秒有一秒的任务，只有争分夺秒，别人减速我加速，别人加速我超速，才不会输在"起跑线"。

我要说的是，孩子同我们一样，成为普通人才是生活的常态。对孩子的学习与教育，我们应该拥有平常心态，平平和和方为善，平平常常才是真，从从容容才能远。为孩子松绑，为自己减重，这既利于孩子的成长，也有益于自己的身心。

孩子的分数比身体重要，健康比作业重要，生命比其他一切都重要。孩子拥有健康的身体、健全的身心、积极的人生态度，才能成为一个有爱心、有孝心、有责任心的人。哪怕他上不了名校，即使成为一个普通劳动者，那都是父母的福分、家庭的希望、孩子的幸福。

孩子一边输液一边写作业，除了父母应该引起反思外，作为教育者的我们更应该引起警醒。

举全国之力的"双减"，其中一减就是减轻孩子们作业的负担。"双减"

大政已推行三年多了，怎么作业还这么多？"双减"为什么在一些地方没有实实在在落地？

当然，要彻底消除内卷，避免这种边打点滴边做作业的无奈，还得靠深化教育改革、变革评价机制、拓宽教育赛道，以教育的大环境正本清源、纠偏复位。

什么时候孩子生病了能够歇一歇、家长能够静心陪护、不再焦虑，教育的生态可能就好了，教育的生活也就幸福了！

儿童应该天天被看见

又一个"六一"儿童节到了！

对于孩子来说，儿童节是个快乐的节日、甜蜜的节日、幸福的节日。

这两天，无论是城市学校，还是乡村学校，无论是条件好的学校，还是条件比较差的学校，都在以不同的形式庆祝"六一"儿童节。孩子们唱歌、跳舞、游园、跳绳、滚铁环、玩玩具、做游戏、展示才艺。幸福挂在孩子脸上，快乐萦绕在孩子心田。

这两天，人们对儿童特别上心与在意、格外关爱和重视。

这两天，儿童是焦点，儿童是主角，儿童被推上了舞台，儿童被看见，儿童被当作了"儿童"……

这两天，我们感受到了儿童的活泼可爱、无拘无束、童心未泯、快乐无限……也感受到了儿童世界的天真烂漫、淳朴自然……

这两天，也的确让儿童体验到了快乐的童年，让他们拥有了自己幸福的时光！

然而，相对于这两天之外的其他时间呢？

不可否认的是，很多时间我们的儿童很少被看见，甚至被忽视。君不见，在"不能让孩子输在起跑线"的蛊惑下，在浮躁的社会、功利的教育、焦虑的家长的驱动下，孩子很早便被灌输了竞争的意识。节假日，还要奔波于各种辅导班、特长班和兴趣班，连一点闲适放松、自由玩耍的时间都没有，甚至连基本的睡眠都得不到保证。

学习本身是有趣的，然而在这种状态下，最终只会让学习变味成冰冷、乏味的训斥与控制，变成反复的训练与考试。最后一个个活泼好动的儿童渐渐失去了灵性与率真，一个个具有奇思妙想的儿童逐渐变得木讷呆滞、黯然无神。

有多少儿童因重复考练，对学习产生恐惧，逃课逃学？有多少儿童因繁重的课业负担睡眠不足，没有了健康的身体？有多少儿童因学习压力过大，心理出了问题？

看看校园里越来越多的"小眼镜""小胖墩"，看看一桩桩令人发指的校园欺凌，看看接二连三的轻生……我们不得不引起高度反思和警醒——今天的孩子怎么了？今天的教育怎么啦？

我想说，我们的孩子如果都像儿童节这两天，被看见，被关爱，被重视，被当成儿童，享受儿童应该有的闲适与快乐，释放儿童应该有的天性与个性，那么，关于儿童的所有问题都不是问题，教育上的一切杂症都将迎刃而解。

童年是人生的扉页，也是为一生幸福奠基的时期。苏霍姆林斯基对此曾有一段非常精彩的论述："童年是人生最重要的时期，它不是对未来生活的准备时期。童年是真正的灿烂的，独特的，不可或失的、不可重现的一种生活。"儿童就是"儿童"。他们有什么样的童年，就会有什么样的人生。

著名儿童教育家陈鹤琴也曾说过："儿童的身体脑筋都要渐渐地发展，儿童的道德要逐渐涵养，儿童的谋生能力也要渐渐地储蓄，人生一切的活动都是在儿童期内发展的。"

教育的首要目的就是尊重儿童的"植物属性"，重视儿童的自然价值，顺应儿童的成长规律，保护儿童有限的童年，把童年还给儿童，把童年的快乐与幸福还给儿童，让儿童带着好奇心、想象力、创造力，通过自发性的玩耍、

游戏、幻想、想象等来体验世界，逐步丰富自己的认知。

我们曾经也都是儿童，儿童也终将是我们，儿童也将是国家与民族的未来。让儿童每一天的学习生活都像这两天一样，让眼下的每一天都成为儿童快乐的"六一"。谁能做到这一点，儿童，就有了幸福的童年；教育，就有了幸福的教育；国家与民族，也就有了幸福而美好的未来！

孩子的成人永远比成才重要

听说一母亲为儿子的高考，提前二十多天就在谋划准备，打算当天身穿旗袍，一手举粽，一手举向日葵，在考场门口守候，给儿子一个祝福，也给儿子一个惊喜。当母亲正在为自己的创意自我陶醉、沾沾自喜的时候，不料儿子甩出一句话："妈，你若真的穿个旗袍、举个粽子和向日葵站在学校门口，我就从楼上跳下去！"

不管儿子的话是否当真，可以肯定的是，儿子对母亲的做法是反对的。"旗开得胜""一举高中（粽）""一举夺魁（葵）"，即使寓意再深刻、彩头讨得再好，相信给那个母亲十个胆，她也不敢穿个旗袍、举个粽子和向日葵站在学校门口了！

写到这里，我就想到去年一群油腻男教师穿旗袍解压助考的事，虽然能博得众多眼球和喝彩，但总感觉有点哗众取宠，有点与教师的形象不搭调。不管大家怎样看待，反正我心里像毛毛虫在爬一样，感觉特别难受。

儿子虽然语言表达有点偏激，却反映出了新时代一个高三青年应有的审美观、价值观。

或许儿子觉得母亲这样做，打扰了他备考、迎考、应考的宁静状态，无形给了他压力。或许对于本来压力就够大的他来说，现在的任何一丝风吹草动，都可以成为压垮他的最后一根稻草。所以，这位儿子才有这样坚决的态度。

就是这两天考试，母亲都费尽心思、精心准备，可以想象，那对于平时呢？对于一年三百六十五天，对于三年的一千多个日日夜夜呢？

可能这个孩子每天都会活在母亲的唠叨中，活在母亲的攀比与施压中，活在母亲的期望与虚荣中，活在母亲的望子成龙和光宗耀祖的期望中。

出于这一点，我理解了这位儿子，他不是在威逼与恐吓，他是在呐喊与抗争！

这也让我不由自主想到我们读书时，那时候的父母都比较佛系，心态特别好，常挂在他们口头上的是：成龙上天，成蛇钻草；能读更好，不能读也认命；能读到哪里就读到哪里，砸锅卖铁也要送到哪里；不能读就回来种地，家里多一个劳动力。

那个时候的孩子生活尽管艰苦，父母也严格要求，但学习压力不大，成天都是乐呵呵的，很快乐、很幸福，从未听说过有什么抑郁的、轻生的。

由此我想对为人父母者说的是：

不是每个孩子都能考满分、上名校，也不是每个孩子都能做龙中龙、凤中凤、人上人；多数的孩子都会同我们一样，成为一个普普通通的人。我们应该拥有一颗平常心。

不是孩子上了名牌大学才有出息，条条道路通罗马，三百六十行行行出状元，只要后天勤奋努力、不断学习，同样可以书写精彩人生。

不是穿旗袍孩子就能"旗开得胜"，也不是拿粽子和向日葵，孩子就能"一举高中""一举夺魁"，对于一些不擅长考试的孩子，就是穿十件旗袍、百件旗袍，吊一起重机的粽子和向日葵，也不一定考得好。

可怜天下父母心。父母的愿望是好的，心情也可以理解，但是父母要认识自己的孩子，了解自己的孩子，量体裁衣，让孩子量力而行。这样孩子才能成长得更好。要相信，成人比成才更重要。要懂得，放过孩子，就是放过自己；不苛求孩子，就是不苛求自己。

父母平时再焦虑，高考这两天也一定要静下心来，给孩子提供一个清静的空间，让他们以平和的心态、良好的情绪从容应考，正常发挥，这比什么都重要！

第八章

改变，从阅读开始

孩子不喜欢阅读，怎么办？

我一直主张孩子多阅读。

对于孩子，我认为阅读是最好的补课、最好的研修、最好的学习、最好的成长。我甚至认为孩子学习与成长中的所有问题，都可以通过阅读来解决。因为一个喜欢阅读的孩子，其行为习惯再坏也坏不到哪里去，考试成绩再差也差不到哪儿去。

现在很多家长也开始重视孩子阅读。目前正值暑假季，可能因为家长对孩子的阅读期望值与现实中孩子对阅读的兴趣与投入有较大差距，因而这几天接连收到一些父母的问询：阅读这么好，孩子却不喜欢阅读，怎么办？

我在回复时这样说："阅读固然是很好的事，不是所有的孩子都热爱阅读，这是再正常不过的事。想想我们成年人，对于阅读这么好的事，又有多少人能够静下心来做到呢？"因而，对于孩子不喜欢阅读，不必大惊小怪。

其实，这个时候，我们的家长应该反思：

一 | 在自己的家庭中，有没有阅读氛围

阅读并不是一件容易的事情，通常需要有一个良好的阅读氛围来帮助孩子更好地阅读。

我们带孩子到图书馆，孩子进入书的世界、书的海洋，看到这里所有人都在埋头阅读、专心致志，不喜欢阅读的孩子是不是一下就有了阅读的想法与冲动？

与之相反，我们带孩子到麻将馆，孩子听到的是此起彼伏的麻将声，再喜欢阅读的孩子还会有阅读的兴趣与行动吗？

对于家庭，父母一定要给孩子营造出一种舒适、温馨、浓郁的阅读氛围。

在一个家里，一定要有孩子的书橱、书桌和书。如果有一个书房，最好。退而求其次，最起码应该有一个属于孩子的专门的读书角，让孩子留恋那儿，喜欢待在那里；而且在家里，书应该无处不在，床头柜、茶几上、饭桌旁……让书能与孩子随时相遇，让孩子视线所及都是书。特别是家里最核心的位置，应该随时见到"书"，能够做到随手可拿、随地可取、随时可读。我以为，客厅沙发对面放书，远比放电视要好得多。

书中自有黄金屋。在一个屋子里，能够以书橱为四壁，能够以书香充盈家庭，再小的屋子，也便是黄金屋了。

二 ｜ 父母是不是拿起书在阅读

最好的教育莫过于示范，培养孩子的阅读习惯，最好的方式就是父母潜移默化的榜样作用。

一项科学研究显示，家里藏书多与孩子热爱阅读有关联，但父母是否喜欢阅读却对孩子阅读的兴趣与习惯养成影响更大。

中央民族大学教授蒙曼曾表示，小时候妈妈每晚阅读《简·爱》《呼啸山庄》等英文读物的情景让她至今难忘。对童年的蒙曼来说，"妈妈在读书，我也在读书"是一种精神陪伴。

作家马伯庸也曾说过这样一段话："其实这事特别简单。只要爹妈自己回家不玩手机和电脑，而是捧起书读，就足够了。孩子的习惯，都是来自对大人最自然的模仿。可惜大部分人并不能做到。"

常有家长抱怨孩子爱玩手机、看电视，就是不爱看书，这些家长往往忽略了自己给孩子做了怎样的示范。

一个自己喜欢阅读的父母，比整天逼着孩子阅读的父母，更能让孩子喜欢上阅读！

我曾见到这样的一个场面，孩子满怀期望地跑过去，对爸爸说："爸爸，你不打牌了嘛，给我讲讲书中的故事呀！"爸爸竟大声吆喝："去去去，没看见我和你叔叔们在玩嘛。把手机给你，自己一边玩去！"试想一下，在这样的家庭环境下，孩子会有阅读的欲望吗？会涵养出良好的阅读习惯吗？

对于孩子的阅读，我们一定要坚持一个原则，那就是父母带头阅读、示范阅读、共同阅读，而不是声嘶力竭要求孩子阅读。

三 ｜ 父母是不是让孩子享受到阅读的乐趣呢

兴趣是最好的老师，乐趣更是老师中的老师。

阅读是一件充满乐趣的事情，我们应该让孩子体验到阅读的乐趣，而不应该让他们认为那是一件苦差事。

犹太民族被称为"书的民族"。犹太人的家长为了培养孩子的阅读习惯，让孩子感受到阅读的乐趣，当孩子出生时，母亲就会翻开《圣经》，滴上蜂蜜，让小孩去舔《圣经》上的蜂蜜。这种方法非常有效，让很多犹太孩子从小就对书产生了美好的第一印象：书是甜的。

家长急切地想让孩子爱上阅读的心情是能够理解的。但欲速则不达，我们应该尽可能让孩子体会到阅读的乐趣。

首先，对孩子的阅读，应该以一种平和的心态对待。阅读如家常便饭、邻里唠嗑，说到底就是一种生活方式，因而不能太功利。阅读的功利性太强，会让阅读失去原有的乐趣。一件事变得没有乐趣，就没有人愿意真正投入其中了。

如果父母对孩子阅读有非常明确的功利性，阅读是为了让他达到某种目的，就容易让孩子无法对阅读产生愉悦感、趣味感，最终失去持续阅读的动力和内驱力，以至于厌倦读书、渐渐远离阅读。

其次，家庭并不是专门的学习场所。家庭是孩子休息、放松、交流，享受温情、温暖的地方，所以我们不能借着阅读，或以阅读之名，把家变成学习的主阵地，变成一种压抑与束缚。这，只会带来孩子对阅读的排斥与反感。

再次，亲子阅读是陪伴，而不是检查与监督。孩子做他喜欢做的事，他就会自主、自愿、自觉，就会觉得是一种享受，就不需要任何的催促与监督。孩子的阅读也是如此！

阅读是自己的事、是快乐的事。全家一起读书并交流，是一个家庭最美的风景。既然是交流，那就是平等的、互助的，父母是陪伴者、引领者，而不是检查者、监督者。如果父母每天非要用检查与监督来督促阅读，其实是在促使孩子厌烦阅读这件事。没有以阅读为乐，也就没有把阅读当成自己的事，更没有进入阅读的最佳境界了。

最后，对于孩子的阅读不能急于求成。阅读应该循序渐进，应该滴水浸润，只有持久的、细水长流式的阅读体验，才能让孩子养成积极的阅读习惯。那种暴饮暴食的阅读方式，只会给孩子的阅读热情带来伤害。

四 ｜ 父母对孩子的阅读，是不是在人为控制呢

阅读需要心灵自由，需要精神放松。现实中，不少父母对孩子的阅读干涉太多，从某种程度上讲，完全是一种控制。

一是在阅读的时间上控制。孩子不能自主安排自己的阅读时间，什么时

候写作业、什么时候读课本、什么时候允许孩子看点课外书，父母有严格的限制和规定。

二是在阅读的地点上控制。阅读的地点不是一成不变的，经常带孩子到环境优美的野外去读书，在大自然的怀抱中去读书，呼吸着新鲜的空气，欣赏着美丽的风景，不仅会让孩子心情愉悦，也会增加他们阅读的兴致。可有的父母要求孩子阅读必须中规中矩地在书桌前、在案头上，时间久了，有可能渐渐地让孩子失去阅读的兴趣。

三是在阅读的形式上控制。孩子不能躺着看、不能卧着看、不能蜷着看、不能随心所欲地看，必须一本正经、正襟危坐地看。这些控制会让阅读没有了随意、消遣、闲适的功能。

四是在阅读的内容上控制。书有良莠之分，择书如择友。囿于孩子的认知水平，家长在选书上可以给予一些指导，但是家长绝对不能以指导为名，不尊重孩子的阅读兴趣，不考虑孩子的阅读感受，仅从家长的角度为孩子选书。特别是一些家长，在选书上一味从学习学科知识出发，总选一些应试辅导读物、考试秘籍之类的。这只会让孩子望"阅读"而生畏，闻"阅读"而却步。试问，这样又怎么让孩子喜欢上阅读呢？

孩子要真正喜欢上阅读，家长一定要放手，一定不要过多干涉，一定要把书交给孩子，把阅读的权利交给孩子。

家长如果能够在这几个方面，做出考量与回答，孩子们不喜欢阅读的问题便迎刃而解了！

让每一天都成为"读书日"

　　第 28 个世界读书日这一天，全国各地都在开展系列阅读活动，诸如"悦读中国，书香城市""小手牵大手""银丝白发，我读你听""世界读书日·和我共读一本书"等，掀起了全民阅读热潮。各大媒体也在跟踪聚焦。

　　在年前的全国教育工作会议上，教育部部长掷地有声，提出"要把读书活动作为一件大事来抓"。前不久，教育部等八部门又联合印发了《全国青少年学生读书行动实施方案》，明确提出建设书香校园、营造良好读书氛围、加强校园读书文化建设。因而今年的世界读书日与往年大不一样，各个学校针对读书，都用心策划，开展了形式多样的读书活动。比如经典诵读、古诗唱咏、阅读分享、读书征文、读书沙龙、读书演讲、读书论坛、读书手抄报比赛、读书人物评比等。

　　我要庆幸的是现在大家已经意识到了阅读的重要性。阅读对于国民素养的提升，对于良好社会风气的形成与净化，有着不可替代性，因而全社会对阅读越来越重视。

　　又特别是在当下基础教育严峻环境之下，大家已经意识到，只有建设书香校园，推进读书活动，重视师生阅读，引导师生爱读书、多读书、读好书、善读书，才能以此推动教育向前发展，重塑教育生态，让教育回到原点，回到理性的轨道上去。但又让人最担心或者最不愿意看到的是，读书的热热闹闹，只是局限于"4月23日"这一天。很怕这一天过去了，读书活动没有了，读书声消失了，校园一下子又沉寂下去了，刷题声又此起彼伏了。

这些活动当中当然不可能排除的是，有一些学校还没有把阅读当成一种行之有效的教育，还没有认清阅读对于教育的重要性，在读书节这天所开展的一切读书活动不是实打实、招过招，并以此作为师生认真读书的开端、一个良好读书习惯养成的开始，然后雷打不动，持续地坚持下去；而只是应应景、拍拍照、作作秀、摆摆谱，把这一天的一切完全异化成一种形式。

甚至我有一种判断，在不少地方、一些学校，把这一天的读书活动弄得风生水起的组织者，自己就压根儿不读书，也压根儿没打算把读书活动认认真真推动下去，也许只是在读书日这一天闹腾闹腾而已。除此之外，还有一种情况也不能排除，那就是对阅读缺乏一种坚持。在读书节这一天，有可能心血来潮，一时兴起，拿起书来读读。读一天书，当然容易，难就难在一直坚持下去。我曾经写过一首打油诗："每天阅读一刻钟，即便无师自相通。气质魅力会无穷，人生从此不相同。"

书香校园建设，离不开"场"，通过读书日、读书节，赋予一些仪式感，营造浓郁的"读书场"，有一个浓厚的读书氛围，这当然很重要，但更重要的是，"世界读书日"一年只有一天，但它的意义在于使每一天都成为"读书日"。我们所设立的"读书节"也只有那么几天，但设立它的初衷在于希望使之后的每一天都成为"读书节"。

腹有诗书气自华，最是书香能致远。读书是美好的事、是快乐的事、是自己的事、是生命中不可或缺的事，我们应该徜徉其中、沉浸其里，在每一天都能与书相遇、都能与文字对话、都能体验到岁月的静好、都能享受到读书带来的进步和乐趣，这才是读书的价值之所在。

其实，只要我们把读书当成像洗脸、漱口、吃饭、喝茶一样的生活方式，当成像呼吸空气一样自然的生命状态，自然每一天都是"读书日"。

每一天都是"读书日"，每一天都过一种有灵魂的生活，教育就好了，这个社会也就更好了！

书香校园建设，终于有"法"可依

从阆中驱车 400 公里来到了美丽的丹棱，参加四川省乡村学校振兴联盟成果展示活动。当晚同一帮教育人在一起，叙友情，聊教育，不觉已至深夜。随后打开手机，看到朋友给我转来教育部等八部门共同发布的《全国青少年学生读书行动实施方案》（以下简称《方案》）。

我快速地浏览了一下，《方案》中鼓励学校开设阅读课，重视"整本书"阅读、沉浸式阅读；义务教育学校要将读书行动纳入"双减"工作，对学生不设硬性指标，不以考试、"打卡接龙"等方式检验读书数量和效果；要求优化学校读书环境，各地各校要围绕提高"书香校园"建设水平，营建书香校园，积极创设适宜读书的校园环境；按照学校图书馆、阅览室有关工作规程，丰富图书配备，改善阅读条件，保障学生阅读需要；中小学校要充分利用教室、走廊、校园等空间，设置读书角、放置图书架、开设书报亭，方便学生即时阅读、处处可读；要用好宣传栏、文化墙、校园广播等，营造良好读书氛围，加强校园读书文化建设。

朋友给我发来这个《方案》的同时，也表达了对我的敬佩。因为我曾经主导的区域教育，十多年前就一直在按照《方案》上的要求在执行，现在我在全国各地行走，引领和指导书香校园建设与读书活动的开展，也是按照这些方面在提倡。朋友似乎觉得我有前瞻性，有先见之明。

其实我哪有什么前瞻性，也没有什么先见之明，十多年前我推进的书香校园、读书活动、劳动教育、艺术教育、社团组织、校园文化建设，实施的小学三年级以下取消纸质考试、实施素质教育综合测评、乡村小规模学校经费兜底，等等，都是基于对教育常识的回归、对教育本源的笃定、对教育规律的遵循。

我以为，学校本来就是读书的地方，校园就应该书声琅琅，有"书香"，不存在为读书专门去搞什么"书香校园"。但是现在校园变味了，好像很多只有刷题声，没有读书声。孩子读书，读的仅是课本、习题集、考试秘籍；教师读书，读的也只是教材、教参。孩子们在他们那个年龄没有读到适合且喜欢的书籍，没有从浩瀚的书的世界吸取到营养丰富的"五谷杂粮"；教师也与经典的人文书籍与教育理论读物擦肩而过，错失对人文情怀的涵养、对自身教育理论素质的提升。也就是说，校园最该有的"书香"，没有了，最该读书的人——教师和学生，不读书了。

可以这样讲，当下最大的教育问题是最该读书的教师和孩子不读书，他们被捆绑在一起，一味地为应试而战，为分数而教而学。为什么教育部部长在全国的教育工作会议上，首次旗帜鲜明、掷地有声地提出要"把读书活动作为一件大事来抓"？为什么教育部等八部门要在这个时候联合发布《全国青少年学生读书行动实施方案》？这说明，主管教育的顶层已经看到了教育的症结所在，并找到了治疗途径。

这些年来，我一直不遗余力在推进书香校园建设。过去在对区域教育的管理与引领中，我一直把书香校园建设作为撬动区域教育生态改变的抓手。我以为，一个校园书香四溢，让书离师生最近，能够与师生随时相遇，师生们置身其中，受其浸润熏陶，在经意与不经意间的点滴阅读中，便会让师生慢慢养成喜欢阅读的习惯。

我还以为，师生喜欢阅读的习惯，是总习惯，是最好的习惯，是一切习

惯之母。孩子有了阅读的习惯，其他习惯再差也差不到哪里去，考试成绩再差也差不到哪里去。老师有了阅读的习惯，对于他们来说，就是最有效的备课，最真实的成长，最曼妙的修炼。一个老师喜欢阅读，在书海中徜徉，与名家对话，与大师交流，与美好相遇，让自己变为更好的自己，让自己日益走向优秀与卓越，他呈现的课堂一定是鲜活精彩、引人入胜的，他的生命状态一定是激情高昂、热情澎湃的，他的职业样态一定是执着专注、尊严幸福的，他所彰显的师德一定是冰壶玉尺、春风化雨的。

因此，我一直主张"消灭图书室"，提出"宁肯让书被孩子们翻烂，不能让书在图书室里放烂；宁肯让书被孩子们拿走，不能让书在图书室里睡大觉"。并要求各个学校把图书从图书室（馆）请出来，在校园各个地方、各个角落建开放式书架、书壁、书柜、书橱、流动式书车，让书漂流起来，让师生与书"触手可及"，充分满足师生随手可拿、随地可取、随时可阅读的需求。

那个时候阆中的校园，墙壁、走廊、楼道到处放的都是书，餐厅、宿舍、围墙、大树，就连厕所，都随处可见摆放整齐的书架。流动图书车、班级图书角、阳光树屋、咖啡书吧，似乎成了所有学校的标配。可以说人在书中，书在手边，真正实现了把班级、把校园建在书堆里，把学校建在开放式图书馆中。温馨的布置，舒适的阅读环境，浓郁的书香，让师生们可以在茶余饭后、课间休息，在台阶、在树下、在运动场、在食堂，在校园的任何地方，利用碎片化的时间，以自己喜欢的方式自主阅读。

不仅如此，我们还开展了丰富多彩、形式多样的阅读活动，通过活动的推动引领，进一步让师生养成了良好的阅读习惯，爱上阅读，并把阅读作为像呼吸一样自然而然的事情。

十多年的坚守，的确让一个区域的教育生态因书香校园的撬动而有所改变。

这几年在全国各地行走，传播陶行知教育思想，我把我对书香校园建设的认知与做法，与有思想、有情怀的教育局局长、校长进行交流与碰撞；也由此，一个个书香区域教育脱颖而出，一个个书香校园如雨后春笋般涌现。

这次教育部等八部门在世界读书日即将到来的时候，在落实"把读书活动作为一件大事来抓"的关键时刻，共同发布《全国青少年学生读书行动实施方案》，犹如及时雨，将会为书香校园建设带来甘霖雨露。

过去一些人认为搞书香校园建设是多此一举，完全没有必要。现在有了正式方案的出台，也有了明确要求，书香校园建设有"法"可依了。这无疑给教育人吃了一颗定心丸，也更坚定了教育人推进书香校园建设的信心。

做一个有教育与文学情怀的校长

——唐兴爱《向阳而生》序

"葡萄美酒夜光杯，欲饮琵琶马上催。醉卧沙场君莫笑，古来征战几人回。"一首《凉州词》，让我对甘肃凉州，心生向往。

2023年3月，应邀为甘肃武威市凉州区的校长做报告，我有幸来到凉州。在凉州，品葡萄美酒，尝舌尖上的美食——凉州风味"三套车"，不仅感受到了武威凉州——这座坐落在河西走廊上的现代化城市，所拥有的深厚的历史文化底蕴，而且认识了许多教育界的朋友，包括凉州区教育局副局长田玉荣、刘国庆，武威名校长曹生财、吴吉成、唐兴爱等。

报告会的主会场设在凉州区和平街小学。一走进这所学校，映入眼帘的徽派建筑尽显古色古香，亭台阁榭、花草树木错落有致。四个门庭的布置尤为特别，将论语、成语故事、儒雅国学、"凉州八景"等传统文化及地方文化以竹简、盘体绘画等形式呈现，悠然亭、书香亭、成长书吧、开放式图书柜，让校园书籍飘香，随处可见孩子们捧书阅读的身影。

一所独具特色的学校，其背后总有一个与众不同、魅力十足的校长，这是我这些年最基本的逻辑与判断。做完报告，在与和平街小学校长唐兴爱的接触与交流中，更有了印证，也让我更加坚定了这一点。

唐兴爱校长从教三十二年以来，一直恪尽职守、爱岗敬业、勤学笃行、砥砺前行。生活常来常往，岁月花开花落，追逐理想的教育之梦，对于他来说，时常萦绕脑际，心心念念，滋生蔓延，从未停止。在担任凉州区和平街小学党支部书记兼校长之后，他提出"让学校发展有内涵，教师工作有尊严，学生成长有个性，家长期望有收获"的办学思路。几年来，他沿着这一思路，凝心聚力，殚精竭虑，"咬定青山不放松""衣带渐宽终不悔"。

一路花香，一路芬芳，在他的引领下，和平街小学这所百年老校焕发出勃勃生机，成为甘肃大地一张闪亮名片。他也赢得了家长的赞誉、师生的拥戴、社会的认可。唐兴爱校长被确定为"陇原名校长"培养对象，并被评为首届"武威名校长"，2023 年被聘为凉州区领军人才。

唐兴爱校长不仅热爱教育、笃定于教育、钟情于教育，而且喜爱文学，对文学有深刻的理解、有深厚的造诣。他是中国西部散文学会会员、甘肃省作家协会会员，并出版了多部文学专著，我在朋友圈也经常读到他的诗作。

我从小也喜欢文学，虽然天天在写一些教育文字，但那毕竟还不属于"文学"。唐兴爱校长，既把校长做得如此地道，又在文学天地里纵横驰骋、硕果累累，我由此既心生敬佩，又心怀好奇。

唐兴爱校长告诉我，他上小学作文就写得很好，总有写不完的话。老师总是拿他的作文当范文读，也常常夸他有文学天赋。写作文的那种期待与自豪，在他幼年时期的心田，便播下了文学的种子。而与文学真正结缘，则是在一九八九年，他第一次踏进甘肃省武威师范学校的图书馆。他说那是一个藏书极其丰富的地方，第一次到那儿，他就深深地爱上了那儿的宁静和典雅。一有时间，他便泡在图书馆，徜徉在文学的殿堂。他就像一个饥饿的人遇到面包一样，如饥似渴。那里真正成了他精神的栖息之地，由此为他烙上了文学的鲜明底色。

唐兴爱校长告诉我，他上师范时的班主任喜欢写作，那时候还没有电脑，他经常帮助班主任誊写文稿，耳濡目染，对他影响很大。时常看到老师的文章在报刊发表，在羡慕老师的同时，也点燃了他的文学梦，他也期待着自己的文字有一天能够变成铅字。于是他没日没夜地涂鸦、爬格子，写一些"豆腐块""火柴匣"，并在生活费中挤出钱，偷偷买来邮票和信封，不断向报刊投稿。接下来是盼星星、盼月亮，盼望自己的文章也像班主任的文章一样能够发表。然而投出去的一份份稿件，却石沉大海。三年师范生活转瞬即逝，而他的"文学梦""铅字梦"却遥遥无期。

毕业后，唐校长有幸被分配到铁路学校。在工作中，他对文学不弃不馁，依然情有独钟，利用工作之余坚持写小说、写散文、写诗歌。经过不懈的努力与坚持，功夫不负有心人，他的处女作《初为人师》，终于发表在1992年的《兰州铁道报》上。第一次收到两元钱稿费，这让他兴奋不已，让他重拾了文学的信心，迸发了他追梦文学与创作的热情。对文学的偏爱与嗜好，上瘾与投入，让他一发而不可收。这么些年，他先后在《文艺报》《中国校园文学》《西部散文选刊》《教师报》《散文》《奔流》《辽河》等报刊发表十余万字文学作品，在当地，他成了小有影响的作家。

左手教育，右手文学。如果说教育是一盏明灯，文学则是用之不竭的灯油；如果教育能够照亮别人，文学则能丰润世界、温暖自己。唐兴爱校长捧着一颗心来，在平凡的教育生活中享受岁月静美，在坚守教育人的责任与使命中感悟人生之真谛。这为他的文学创作提供了丰厚的土壤，厚植了坚实的基础。与此同时，他又沉浸在自己的文学天地，以文学滋养内心、丰盈灵魂、昂扬精神，建构人生的"地下室"与"瓦尔登湖"；以文学的视角看教育，思考教育，谋划教育，构建自己独特的教育理念与体系，因而又使他的教育得心应手，独树一帜。他的教育生活多姿多彩，诗意盎然。

可以说，是教育与文学，成了唐兴爱校长的一体两翼，让他的生命如此厚重与坚定，让他的人生如此绚丽与豁朗，让他的教育如此纯粹与美好！

值得一提的是，唐兴爱校长不唯分数，还非常重视阅读与写作教学。

他在学校建立了师生读书中心，筹建了学校电子图书室，引导孩子自主读书；开放学校图书室，把书放在离孩子最近的地方，让书与孩子随时相遇，成为校园最廉价的资源；开办《和平春晓》校报，为师生发表作品提供平台；举行"同题征文"或"节假日专题征文"比赛，激发师生写作热情；优化语文课堂教学，让学生喜欢语文，成为语文课的主人；定期举办"读书之星""读书人物"评选，激发孩子的阅读热情。凡此种种，旨在营建书香校园、写作校园，让校园弥漫书卷味儿、充满文学气息，让孩子在文字与文学的浸润下茁壮成长。

唐兴爱校长又要出书了！前不久，他发来书稿。尽管一直在外奔波行走，我还是挤时间认真拜读了一遍。

这是一本随笔散文集。我虽然对写散文不擅长，但是我喜欢欣赏文字，喜欢阅读优美散文。唐兴爱校长的这本散文集，语言朴素，情感真挚，叙述自然，剪裁得当；每一个字都像从他心中流出的汩汩清泉，清纯干净，甘甜可口，令人回味无穷。

给我感受最深的是三点。

一是温暖的亲情。《父亲的院落母亲的痛》一文，作品以老家的"院落"为主线，串起家庭的发展和家人的命运，通过托物寓意、以物言情、借物达志，让人切实体味到了唐校长那丰富的情感世界。在读了《哥，不是传说》《这份爱，终究在岁月中长留》《母亲的手》等多篇散文后，我更为唐校长深沉凝重的情感深深打动，心潮久久不能平息。

二是教育的真情。唐兴爱校长爱文学，就是爱教育，就是为了更好地做好教育，就是为了做出更好的教育。在收录的100篇随笔散文中，写教育生活的竟占了三分之一。在这些写教育生活的作品中，唐校长通过不同侧面、不同角度，对教育生活进行了真实记录，并由此引发深度思考。比如《有一种爱叫放手》《乡间读书郎》《老师，我没有优点》等，作者以小见大，直击心灵，直指教育核心问题，以真换真，以爱育爱，叙写入微，力透纸背。而对教育的酸甜苦辣和一往情深，又在《我不是英雄，我只是一名普通校长》中体现，正如他写的那样：我会坚守做一名好校长的理想，以务实求真的态度追求高贵的职业理想，以高效率的工作成就高品质的职业生涯，以高质量的追求推动学校持续发展，用心办好学校，用爱做好教育。

三是难忘的乡情。故乡是人与世界建立联系的最初砥砺空间，是作家向往与追寻生活意义的全部源头，是作品恢宏叙事抒情的启动媒介。唐校长在《旧庄琐忆》《自在南城门》等篇章，通过叙写关于自己家族历史、城市历史的许多内容，让人们在对过去久远年代人与事的回溯中，充盈着挥之不去的淡淡伤感。我感觉无论是在家族旧庄院里钩沉、在南城门的历史变迁里摩挲，还是对于家乡年味的思索、家乡人事的更替，都让作者情不自禁地唏嘘慨叹、回味咀嚼，同时又对未来家乡的发展怀着美好憧憬。作者用娴熟的笔法，朴素的描写，勾勒了一幅幅入情入理、用乡情浸染的画卷，有立体感和画面感。再加上作者真情的流露与融合，读来感人肺腑、荡气回肠。

教育是永恒的，文学是不朽的。一个怀揣教育与文学情怀的校长，点燃的是未来的文明之火，赓续的是一代又一代人的文学之梦，培养的是面向未来的一批又一批的时代新人。

从唐兴爱校长身上，我读出了：没有比教育更真的事业，没有比文学更美的花朵！

阅读让教育更有力量

——赵国彬校长《阅读花开》序

认识赵国彬校长，是通过甘肃岷县的刘瀚主任。

春节前，在甘肃岷县为全县校长做完讲座，刘瀚主任对我说，他的一个辽宁的校长朋友，从他的朋友圈看到了我在岷县，一来想加我的微信，二来想邀请我在春节后去他所在的学校看看，给老师们做做讲座。

我说，这可以的，很好啊！由此与赵国彬校长相识。

随后在微信交流中得知，赵校长是辽宁朝阳人，八九年前他读我的书《回归教育常识》便知道了我，也知道了我对朴素而幸福的教育的认知与践行，这之后便一直在关注我的文字，也一直在组织老师读我的书。

我也由此了解到，赵校长热爱乡村教育，很有乡村教育情怀；到 2023 年 9 月，已扎根乡村教育 30 年。

在当下，不少人以为从事乡村教育，当一名乡村老师，没有什么作为。而赵校长却觉得，留在乡村，扎根乡村，是受益一生的财富。30 多年来，是乡村的淳朴与厚重滋养了他、教化了他，是乡村教育的宁静与美好影响了他、成就了他，让他从一名乡村普通教师成长为新乡村教育家、辽宁省科研型名校长、辽宁省领航校长。

在后来更深入的交流中，我对赵校长有了进一步的了解。

赵校长一直重视阅读、重视阅读教学，一直把阅读作为撬动乡村孩子成长与乡村学校发展的一个支点、一个切入点。

他在当老师时便尝试用阅读陪伴孩子，用阅读教学，开启孩子的心智，激发孩子的学习兴趣，促进乡村孩子全面发展、健康成长。

他初登讲台，接手的是老家村小的一个五年级班。这个班班风差，人人都有外号，成绩在全乡八个平行班里倒数第一。对于初为人师的他来说，绝对是一个挑战。

当时他没有急于去改变学生，而是和他们玩在一起，读在一起，只要孩子们喜欢，小人书也可以带到课堂上；他也没有用冰冷的条款去约束孩子，而是选择书中生动而有趣的故事或人物与孩子共同分享；孩子调皮了，犯错了，他不是一味地批评、惩罚，而是让犯错的孩子自己找一本能够帮助自己改正错误的课外书阅读，并且说出或写出阅读后的启发感受；作文课上孩子们无话可写，他便带着孩子去爬山、去野炊、去堆雪人、打雪仗，去亲自感受，寻找写作素材。他说，这也是一种"读"，一种"阅读""悦读"与"越读"。

这个班到了六年级下学期的时候，他的母亲做脑瘤手术，他在医院全程护理了 40 多天。尽管是毕业班，孩子们快毕业了，学校没有请代课教师，也没有安排其他老师照管，班级 25 个孩子完全在班长与学习委员的组织下，自主阅读、自主学习，顺利完成了剩余的课程。而且班长还跟校长保证：我们班同学只要有书读，就不会出乱子。后来毕业检测，他带的班竟然获得了全乡第一的好成绩。三年后全乡考入重点高中的 6 人中，这个曾经落后的班级竟占了 5 个。

2018 年 8 月，他被调到一个镇中心小学担任校长，面对一所全县连续两年教学成绩监测落后的偏远学校。他没有急于向师生要成绩，而是针对师生阅读基础薄弱的现状，为学校量身定制了"以读立校，以思启智、以写育人"

的办学理念。

面对700多名学生仅有20平方米的藏书室的现状，他将旧钢构食堂改造成了400多平方米的开放书屋，在开放书屋安装了空调、音乐播放器，购置了饮水机、咖啡机。这里为此成为校园中最温馨、最舒适，也是师生最向往的一个地方。一有时间，师生便来到这里，喝一杯水、磨一杯咖啡，或坐、或站、或躺、或卧，在曼妙而轻柔的音乐中，尽情享受书香的浸润。

赵校长告诉我，最初一些老师和学生去，还只是冲着去喝杯水、品尝品尝咖啡、享受享受空调（他的办公室当时都没有安空调）。时间长了，慢慢地，置身其中，受其感染，也都自觉地拿起书阅读了。

之后，赵校长又在校园的教室、楼道、墙壁等，建开放式书壁、书橱、书柜、书角，让图书室里的书漂流起来，能够与孩子随时随地相遇，让书成为乡村校园最优质的资源。

在校园弥漫书香的基础上，一方面赵校长建立起了科学的分级阅读体系，学校为每个年级的学生标配了12本国内外优秀读物，学生先按着自己的年龄阶段读完标配书目，再进行自主扩展阅读，从而有效地解决了学生选书读书的盲目性。另一方面开设阅读课程，用阅读课取代自习课，用自由阅读、海量阅读取代过去大量的重复训练、反复考练。

同时，开展丰富多彩的阅读活动，寓读于活动中，寓读于乐趣里；让孩子参与阅读体验，分享他们的阅读收获，以此引领阅读，推动阅读，帮助孩子养成良好的阅读习惯。

除此之外，学校还通过召开家长会、建立家长微信群、评选"书香家庭"，开展家庭阅读和亲子共读，让家长认识到阅读的重要性，让家长的阅读成为最好的陪伴，让孩子在家里的阅读成为最好的补习，让家庭的书房成为孩子最好的"补课班"。

赵校长把"阅读的甜头"从一个班级，带到一所学校。五年多时间，让一所偏远的乡村学校发生了翻天覆地的变化。这些年来，从阅读中走出的学生参加中考，成绩都获得了井喷式的提升。学校开启了"用阅读补足农村小学教育的短板方法研究""作文评价数据单在小学作文中的应用研究"两项省级课题研究，"阅读＋"课程体系获得辽宁省教育科研成果一等奖，并陆续获得省级"小作家创作基地"、市级"最美阅读空间"、全县小学生"演讲大赛一等奖"等荣誉和桂冠。

赵校长的阅读实践，《人民教育》做了专题介绍，《北京青年报》以近万字进行了深度报道，并引起了央视新闻的关注，也由此影响到了全国更多区域、更多学校。

赵校长之所以笃定阅读，坚定地推动阅读教学，一方面缘于他自身的成长体验。他由曾经的一个成绩很差、直到初中二年级才"开蒙"的乡村孩子，成长为一名人类灵魂的工程师、一位优秀的校长，是从小喜欢看书、看小说、看连环画的痴迷的阅读，给了他坚定的信心，给了他生命的底色，给了他丰盈的内心，给了他丰富的思想，给了他成长的力量。可以说，没有阅读，就没有他的今天。

另一方面，缘于他对阅读的认知。他认为，孩子朴素、天然和本能的阅读，是孩子生命中不可或缺的元素，是辉映孩子一生且不可替代的东西。阅读能给孩子以精神的慰藉、全面的营养、成长的希望。不管什么天赋的孩子，只要有阅读就会有花期。他还以为，阅读通常是负担得起的，也是可以获得的，更是可以让所有人都能受益的，即使他们的资源有限。像乡村孩子，有可能在其他方面与城市孩子存在着较大差异（城乡教育在一定时期内，确实还存在着很大差距），但阅读是最大的公平，阅读可以消除一切的不平等，阅读可以让我们每一个人都有机会接触经典，所有的经典都可以向我们每一个人，包括每一个乡村孩子敞开。

赵校长准备把他这些年自己的读书故事、孩子们由阅读而成长的故事、学校"以读立校"的发展故事，讲述出来、写出来，并结集出版。当他把他的书稿《阅读花开》发给我，并且希望我写一点文字的时候，尽管我不是什么名家，尽管我们还未曾谋面，我却毫不犹豫地答应了。

因为我一直关注乡村教育，对乡村教育情有独钟，对有乡村教育情怀的教育人，或许因为情感一致、尺码相同，特别羡慕与敬重。而且这些年，我也一直在倡导阅读，主张用书香浸润校园，用阅读改变教育，以读书点亮孩子人生。

在现实的中国基础教育的体系中，更多的教育者很可能会偏爱以考试为导向的练习，会执着于以分数为目标的死记硬背，而对像阅读这样很多人认为无助于考试、不能直接提分的"无益"的事，既不感兴趣，还会诟病。像赵校长这样，能够孤军作战，大胆尝试，独树一帜，实属不易。那得需要多大的无畏和勇气！

为其写上几句，摇旗呐喊，吆喝一声，虽人微言轻，不足挂齿，但至少可以昭示一个教育人的责任与良知。

浏览完书稿，坦率地讲，一些地方还需要做些打磨，但这并不伤大雅。相信这本书的出版，能让更多的人认识到阅读的重要，感受到阅读的无穷魅力；能让更多的教育人，特别是乡村教育人，明白阅读在教育中的价值与意义。阅读，让教育更有力量；阅读，是对孩子最好的教育；阅读，是对教育最大的改变！

一个学校有一个喜欢读书的校长带着一群喜欢读书的老师，陪着孩子一起读书，这是教育最美丽的风景。这样的风景多了，教育的生态就好了，焦虑的人便少了，内卷或许能够轻多了！

这是赵国彬校长的初衷，也是所有人的心愿，更是我们不懈努力的取向与方向！

第九章

与教育美好相遇

绵阳游仙教育小记

绵阳市游仙区伟清小学更名为徐家小学。这是我第三次来到该学校，每次到这里，我都感受到了学校的发展与变化。

两年多时间，学校的楼道文化、墙壁文化、教室文化、环境文化更加芬芳璀璨，社团活动更加丰富多彩，特别是 20 多亩的劳动实践基地所分布的果林、花圃、菜园，既成为劳动教育、生活教育、实践教育的有效阵地，又成为装点乡村校园的一道亮丽风景。

刘先余校长已在这里扎根了 16 年，他朴素的乡村教育的思想与理念，以及潜心乡村教育的坚守与情怀，使这样的一所精致、典雅、美丽的乡村学校犹如一颗耀眼的明珠，镶嵌在巴蜀大地，光彩夺目。

在我看来，徐家小学就是当下中国最美、最有内涵的乡村小学——它当之无愧！

对于徐家小学下一步的品质提升，在与刘先余校长及一班人交流后，我和刘校长来到游仙区小枧中学取经。

这是一所处于城郊接合部的初中学校，校长李术义，见面一聊，得知他是阆中金城人。我说我老家共和与金城紧邻，现在是一个镇，在这里能够遇到老乡真是太有缘。

李校长说之前虽未与我谋面，但对我以及对过去的阆中教育比较了解，之前每年回老家，都要到金城学校以及周边的学校去看看，阆中乡村学校的优美环境、浓厚文化、浓郁书香以及一校一看点、一校一亮点、校校有特色，给他留下了深刻印象，很多做法给他带来了启迪与帮助。

他说他八年前在游仙区苏易简的故乡玉河学校当校长时，便借鉴了阆中的做法——以文化立校，学校在当时便建立起了当代中国最草根的校园乡村博物馆、家风家训馆、民间匠人坊，让一所乡村学校独具特色。后来担任小枧中学校长后，又同样牵住"校园文化"这一牛鼻子，编写校史，复原"枧槽"，传承"盐场"精神，打造院子文化，让一所城乡接合部的中学成功逆袭。八年前接任学校校长时学生不到 600 人，现在学生已接近 1500 人了。

李校长一边介绍，一边陪我们感受小枧中学小院子的"一廊二坊三亭七苑，一池一轩四水景"。"一廊"即青蓝廊；"二坊"即宽窄坊、嘉膳坊；"三亭"即瑾瑜亭、抱朴亭、海东亭；"七苑"即樟桂苑、趣苑、净苑、兰馨苑、憩苑、富乐苑、枧苑。"一池"即莲生池；"一轩"即博雅轩；"四水景"即校门口"对视"水景、樟桂苑水景、枧槽复原水景、枧苑心语旁水景。

从大门进入，左侧便是莲生池，池中两块巨型钟乳石，引循环水从石缝潺潺流出，池中睡莲铺陈，锦鲤跃跃，一派勃勃生机。

樟桂苑内，香樟树与桂花树，枝繁叶茂。墙壁上的书橱密密麻麻放满了书，另一面墙壁上挂满学校建校以来各年级的毕业照。紧邻的趣苑，水景一处，妙趣无限。孩子们在这里读书，赏照片，听水声哗哗，好一派诗情画意。

来到净苑，一套四合小院，透过四方的屋檐，满眼是蓝蓝的天，天地人院，浑然一体。由净苑进入兰馨苑，一盆盆兰花争奇斗艳，生机盎然；淡淡的兰香悠远清雅，扑鼻而来，如缕如丝，让人心醉。

由博雅轩进去便是盆景苑，这里陈列的有师生收集的各种奇石，还有各种琳琅满目的根雕盆景，步入其中，好像进入了一个古色古香的艺术殿堂。

再通过枧桥，便到了枧苑心语。这里是一个温馨的咖啡书屋，两面墙壁

上的书柜装满了教师喜欢的书籍，咖啡机、咖啡豆、木地板、布艺沙发、小方桌、秋千荡椅、播放器、音箱，所营造出的氛围，使这里成了老师们放松调适心情的心灵小屋，也成了他们成长自己的精神高地。茶余饭后，老师们在这里沏上一杯茶，或亲手磨上一杯咖啡，坐在沙发上看书，或荡着秋千椅听音乐，抑或闭着眼睛冥想，好一个悠闲自得、幸福自在。

青蓝廊连接着教学楼和办公楼，打破了楼宇间的空白和寂寥。富乐苑里，牌坊、海东亭、仿古街、木院门构成了一幅传统的庭院场景，苑内的成片樱花树，花期虽过，残留的花瓣却似乎在向我们诉说昨天的怒放和灿烂。

我们再来到憩苑。憩苑位于餐厅旁，拱形门，悬挂粘贴的一幅幅师生书画作品，让这里充满着浓浓的艺术气息。

在这样的一个文化与情趣皆俱的小院子里，一树一花、一草一木、一石一景、一廊一道，都独具匠心，都被赋予了独特的教育意义。

比如，莲生池，干净高雅，尘埃不染；樟桂苑，芬芳馥郁，美名留香；宽窄坊，人生路宽，失信者窄；乌木雕塑，焦黑一生，不改其本；抱朴亭，抱朴守素，不易素心；瑾瑜亭，怀瑾握瑜，桃李天下；富乐苑，精神富足，乐学好施。就连学校的围墙也上爬常青藤，下开美人蕉，被李校长命名为"蕉红藤绿"，暗喻学生花艳红、老师绿叶衬，都有着深刻的寓意和深厚的文化考量。

我们行走其中，穿廊驻亭，观坊览苑，临轩面池，玩水赏景，接受着文化与艺术的熏陶，享受着心灵与精神的盛宴。

我们徜徉其里，沉浸于美好，留恋于高雅，敬佩于李校长的文化管理。不觉天色已暮，我和刘先余校长都不舍离去。

晚上，与游仙区教育局局长王子勇，副局长顾晓东，局党组成员、考试中心主任刘雪妃，局团委书记陈绮宇等在一起聊教育。王子勇局长曾在乡村学校任教 16 年，后到组织部、政府办、纪委、目标办、乡镇工作，同我有相同的经历，也有相似的工作风格，更有对教育的共同理解。谈到一些话题，比如对管理的人性化，对教育发展的担当，对外界对学校、校长、老师无端干扰的坚决抵制，我俩都能产生强烈共鸣，激动时，竟情不自禁地击掌相庆。

刘雪妃主任自参加工作就在教育局，应该算是"老"教育人了，先后从事多个岗位的工作，对教育既有情怀又有很深的理解。在谈到教育生态对孩子的影响时，她深有感触地说，她的孩子考取了电子科技大学，孩子同寝室四个孩子，两个接受的是素质教育，她的孩子和另一个孩子接受的是典型的应试教育；接受素质教育的孩子在大学里学习游刃有余、很有冲劲，而她的孩子感觉学习很困难，特别是在创新创造品质方面，表现出了明显的差距。

副局长顾晓东分管安全工作，我们说到现在孩子特别脆弱时，他抛出一个问题："为什么过去的孩子很少有抑郁，更没有跳楼跳江的？"接着他说，"过去的孩子有很多情绪出口，他们的生活除了学习，还有打闹、玩耍、疯跑、劳动、洗衣、做饭、照顾弟弟妹妹，孩子们有蓬勃的生命力、有强大的内心、有快乐的童年。但现在的孩子一直处于高压中，没有自己的喘息地，稍微遇到一点事，便容易被击垮。"在谈到校园安全工作时，顾局长说："校园安全工作的根本防范还是要改变教育生态，当下很多做法治标不治本，也有点劳民伤财。"

在绵阳市游仙区不到一天的时间里，我收获了无数的触动，也收获了不少的感动。今年四川省陶行知研究会农村教育专委会的年会将在这里召开，我们期待着精彩！

岁末垄上教育行

甘肃岷县，地处青藏高原边缘，是甘南草原向黄土高原、陇南山地的过渡地带，素有"陇原旱码头"之称，还有着中国诗词之乡、花儿之乡、当归之乡、洮砚之乡、猫尾草之乡之誉。

时值岁末，应邀来到岷县参加"岷县教育高质量发展论坛"，这是我2023年教育行走的最后一站。

当日上午，在岷县东关小学学术报告厅参加论坛，听取岷县8位中小学校长的演讲，并做点评。在对每位校长的点评基础上，我谈到一个好校长应有的取向和定位，那就是一个好校长要有思想和理念，要有心和用心，要有热情和激情，要有好的精神和昂扬的状态，要有对教育的坚守和定力，要有创新的管理和领导的艺术。下午为岷县全县的校长、书记和督学做教育高质量发展的讲座。近三个半小时的交流分享，大家的投入与专注给了我极深的印象。结束讲座，尽管天色已晚，岷县岷阳第一小学校长路翠霞邀我一定要去她负责的学校看看。

岷县岷阳第一小学历史悠久，创办于1830年，学校占地面积虽小，却有3000多名学生。漫步校园，楼道、墙壁、大厅，到处彰显着浓郁的校园文化。师生自己动手，用自己的作品呈现的校园文化让校园显得格外优雅、精致，极具情趣与味道。

在上午的论坛中，路翠霞校长对学校的发展所做的精彩演讲给我留下了深刻的印象。就下一步学校如何依托前身"文昌书院"营建书香校园，如何借门窗文化创建拓展校园文化，如何利用教学楼楼顶建设开心农场、开辟劳动实践基地，我与路校长的团队做了探讨与碰撞。

在岷县，见到了多年未曾谋面的老朋友刘瀚。刘瀚校长喜欢阅读与写作，他曾经学的是医疗专业，由于对教师职业的向往，后来通过考试当上了老师。虽然他没有上过师范，但不断地读书与思考，让他一步步成长为甘肃的名师、名校长，现在还兼任岷县教育局教研室副主任。刘瀚校长很有乡村教育情怀，他一直扎根乡村，始终把成长乡村教师、悦纳乡村孩子、让乡村师生拥有幸福完整的教育生活，作为自己的目标与追求。2021年他成功入围"马云乡村校长成长计划"。在入围之后，他特地发微信感谢我，说他答辩前恰好读了我的一些书，很有启发，对他帮助大。

在岷县，还见到了甘肃省平凉市静宁县城川镇大寨小学校长王富贵。王富贵扎根山区教育20多年。在大寨小学，虽然只有20多个孩子，但他借助"平凉金果"的地域特色，立足乡土，提出"相信孩子，一起生长"的办学理念，开展以"苹果"为主题的自然生态教育，构建"苹果谷"课程体系，让乡村孩子认识脚下的这片土地，还乡村孩子以快乐的童年，最终办出了"苹果园里最美的乡村小学"。2018年，王富贵入选"马云乡村校长奖"。2019年又在"春暖花开·乡村扶贫扶志典型人物评选"活动中，被评为"全国科技好校长"。同年入围第四届"桂馨·南怀瑾乡村教师计划"。王富贵校长告诉我，他经常读我的文章，在线上也听过我很多次讲座，阆中朴素而幸福的乡村教育，他早已了解。

在交流中，他说："作为一名村小校长，能够尽可能地把留下的每一个乡村孩子教好，便是一个乡村教育人最大的价值。"他还说，"乡村教育有不可替代的优势，它有淳朴的乡风民风，有丰富的乡土资源，有最贴近真实的社会生活，有可以建设的乡土课堂，乡村教育做起来更有味道，办好一所乡村小学，比办好一所城市小学的意义更大。"

王富贵校长还说："大寨小学尽管孩子少，但目前已经成了县城孩子们的研学基地。县城孩子的文化课在城里上，劳动课程、实践课程、乡土课程、生活课程就搬到大寨小学，大寨小学有了它存在的更大空间与价值。"

在岷县还认识了岷县教育局党组成员、党工委副书记满文军，岷县教育局教师发展中心主任张明学，定西市通渭县思源实验学校校长马宏元等教育界朋友。

在岷县的几天时间里，我感受到了这里浓厚的学习氛围，以及教育人对学习与读书的热忱和重视。党工委副书记满文军，不仅自己通过坚持不懈的阅读涵养了自己，而且还牵头成立了岷县"学而读书会"，以此推动青少年阅读，引领岷县书香社会建设；岷县教育局副局长李鑫，这次虽然没有见上面，但据说他更是一个地地道道的读书人，自己不仅坚持读书，还坚持写作，已有很多作品公开发表；岷县寺沟学区校长李明强、岷县梅川初中校长马睿、岷县东关小学校长石勇、岷县中寨初中校长米小刚、岷县岷阳初中教师米永丰等，更是酷爱阅读，甚至把阅读作为了一种生活方式。

刘瀚校长还在岷县牵头成立了新网师岷县线下学习中心，利用学习中心凝聚了一大批喜欢阅读的校长和老师。这些校长和老师，在这个自主成长的平台自我孵化，彼此依偎，抱团发展。岷县的教育因为他们而让人有了更多的期待与希望。

同时我还感受到了岷县乡村教育的活力与美好。岷县虽然人口不到 50 万，却有近 10 万学生、7000 多名老师，而且 64% 的学生在乡村。

岷县重视乡村教育、加大对乡村教育的投入，没有盲目地撤并乡村学校，也没有让乡村教育自生自灭，而是用心、用情、用良知办好乡村教育，对乡村学校雪中送炭，让乡村学校成了乡村的政治、文化、文明与教育的中心，让乡村小规模学校得以体面而有尊严地活着，让乡村孩子在家门口就上到了好的乡村学校，从而留住了乡村孩子，让乡村充满着生机与希望，也让乡村教育的振兴促进了乡村的真正振兴，也在根本上阻断了贫困的代际传递。

虽是隆冬，岷县这几天却是难得的暖阳天，在岷县所见证和感受到的这一切，让我的心也是暖暖的。

心心念念庆阳情

甘肃庆阳，一个令人向往的地方。

应该是在十年前，曾听朱永新老师介绍，庆阳当时推进新教育，并通过新教育在陇原大地生根发芽、开花结果，从而带来一方教育生态的根本改变。这是我对甘肃庆阳的最初印象。之后，在网络上遇到张建军兄，他当时是庆阳第五中学校长，我们互加了微信。

建军兄勤学习、好读书、善钻研、爱写作，执着地行走在追寻教育本真的路上。在这些方面，我两有着共同的志趣，因而我们在微信上经常或相互问候，或探讨教育。

2020年底，建军兄由学校调整到庆阳市教育局担任副局长。之后，他着手筹备一场庆阳教育局局长及校长论坛，拟请我做关于如何推进区域教育高质量发展的报告。我欣然应允，想借此见见建军兄。但由于疫情，时间定了又改，一直未能成行。

2023年年初，庆阳市教育局组织机关干部共读了我的书——《面向"双减"的教育》，而且搞了阅读沙龙。之后不久，建军兄告诉我，2023年9月庆阳教育局局长调整了，新任刘小银局长懂教育、有教育情怀，也喜欢读书，到任后便认真读了我的《面向"双减"的教育》，他觉得书写得很好，对他帮助启发很大。刘局长准备召开一个全市各县区教育局局长、中小学校书记、校长参加的大会，想请我去给大家做一个教育高质量发展的讲座。最后根据双方的行程与安排，把时间定在 2023 年 12 月 27 日。

2023 年 12 月 26 日上午我从阆中坐动车到西安北，再换乘高铁在下午两点多便到了庆阳。一出高铁站，建军兄和教研室李海霞主任便迎了上来，彼此相见，都特别开心，也特别激动。神交这么些年，没想到此时此刻相见了！在车上，我们聊缘分、聊教育、聊情怀、聊地方文化、聊风俗习惯、聊庆阳发展，感觉有聊不完的话题。

建军兄心很细，考虑事情很缜密。他想到我到庆阳，下午有一段空当时间，就安排我去庆阳市博物馆看看。他和李主任要去准备会务，于是提早安排了庆阳两个大文化人陪我参观。一个是徐磊，南佐遗址义务文保员，庆阳市民协副秘书长，庆阳市民间窑洞保护专业委员会主任。一个是郑晓红，郑老师担任《庆阳教育》杂志执行主编，是甘肃省作家协会会员、中国散文家学会会员、陇原读书会发起人，是 2017 年《中国教育报》推动读书十大人物之一，已出版多部散文集。

庆阳博物馆展现了庆阳市自旧石器时代到陕甘边红色政权建立之间漫长的历史进程。徐磊老师用形象而通俗、幽默而有趣的语言深入浅出地给我介绍了展品的历史和文化缘由背景，仿佛将我带入了时空的隧道，让我深入了解了庆阳深厚的历史文化和背后的故事。

我越听越感兴趣，徐磊老师简直就是一部活的文物大辞典！

郑老师告诉我，徐磊虽只有初中学历，却是庆阳人心目中所敬佩的文化人，他也是庆阳市文博、考古界公认的草根专家。他之所以成为如今的他，是因为他童年时代遇上了一个人和一套书。

那个人就是王光普老师，一位普通的乡村教师，跟徐磊同村。王老师喜欢文化，喜欢研究文物，也喜欢收藏。徐磊从小耳濡目染，受其影响，也爱上了文化和文物研究。徐磊儿时的历史知识和文物常识都来自王老师。

徐磊曾写过小时候受王光普老师影响的一段话：第一次知道在塌山捡的陶片是西周文物，第一次知道窗上剪的碎花花老师很喜欢，第一次知道姥姥家崖头的石狮娃子是宝，第一次见烂树根能刻成神怪精灵，第一次见舞台下的木偶娃娃、皮影娃娃、社火娃娃，第一次见村里来蓝眼睛黄头发大鼻子的那种外国人——都是因为去看王老师和他的藏品，他的那间小屋，曾是我和小伙伴们好奇和快乐的源泉……

一本书，就是《中国通史》。20世纪80年代，徐磊所在的庆城县马岭镇是长庆油田的生产区之一。有一次，油田一个作业区的职工搬家后，徐磊就和邻居几个小孩去捡拾破烂，没有想到的是，他从废报纸堆里竟翻到了一本已经很破旧的《中国通史》。他如获至宝，拿回家在煤油灯下细细品读，觉得里面的内容十分有趣。之后他就利用课余时间，一边读，一边查字典，很快把这本书读完了，这是他接触到的第一套文史方面的书籍。就是这本书，为徐磊今后的人生确立了方向和目标，为他后来收集文物、研究文物奠定了基础。

看来孩子的童年遇到什么样的人、读了什么样的书，对他们的成长太重要了！好的人与书，不仅会给孩子留下终身难忘的回忆，还会给他们烙上影响一生的精神底色。

晚上，刘局长带领教育局的三位副局长——建军兄以及樊局长、史局长陪我用晚餐，我们边吃边交流。

刘局长同我的经历差不多，都是师范毕业，在学校一线任教多年，后到多个党政部门工作，多岗任职、多岗历练，2023年9月份由市委政研室主任到任庆阳市教育局。他对教育有独到的见解、独特的情感。他认为教育局局长这个职位不同于其他任何岗位，不能有丝毫懈怠马虎，因为孩子、老师乃至教育都经不起任何亵渎与折腾。

他通过这段时间的调研与思考，提出了"美好教育"。他对我说："我读您的书，知道您做的朴素教育。大凡朴素的，就是美好的；大凡美好的，皆是朴素的。朴素的教育与美好的教育，应该同出一辙。"

2023年12月27日上午，我在庆阳市实验小学为庆阳市教育管理干部做《新时代教育高质量发展的六个维度》的报告。庆阳市教育局党组成员、县级干部、相关科室负责人，各县（区）教育局局长、分管业务副局长、督导室和教研室主任，市直中小学校书记、校长、分管教学副校长，县（区）普通高中、初中、学区（中心小学）、中职学校书记、校长，市级学科教研中心执行主任、"优秀教师＋"成长共同体主持人，"千校万师"赛课获奖教师代表600多人参加了报告会。刘局长亲自主持报告会。

三个半小时，我把我对教育的思考与理解同庆阳的教育同仁们进行了充分的分享。除中间休息十五分钟，整个报告会场秩序井然，没有走动，没有私语，没有人玩手机。大家这种高昂的学习热情，更给了我莫大的鼓舞与慰藉。

郑晓红老师会后发信息给我："您的讲座反响很好，几个校长对我说您的分享生动、朴实，也没故作高深的专业术语和数据……我们刘局长也说对他触动很大！感谢您！"

庆阳之行结束了，因教育而结下的友情，却心心念念、难以忘怀。刘局长、建军兄邀我在来年春暖花开时再去看看庆阳的乡村学校，再次走进庆阳，我又充满着期待……

一所长在文物与文化中的乡村学校

徐州市教育局主办的徐州市首届"乡村教育振兴田野行动论坛",安排在沛县。沛县是刘邦的故里,四年前我曾去过,当时还走进了沛县正阳小学、曙光小学、杨屯中学,并结识了不少沛县校长,包括新到任不久的教育局局长王家勇,由此与沛县教育结缘。这次论坛活动设在沛县张寨镇青墩寺小学。此次应徐州市教育局王学伦局长和朱慕勇主任之邀,再次来到沛县。

千年龙飞地,百年青墩寺。百年老校青墩寺小学犹如镶嵌在古沛大地上的一颗明珠,熠熠生辉,璀璨夺目,因而有着"江南燕子矶,江北青墩寺"之美誉。一到沛县,慕勇兄便向我介绍与推介,让我对这样的一所村小充满了好奇与向往。

第二天一大早,我们乘车,出沛县县城往南约 20 公里,便来到青墩寺小学。

首先映入眼帘的是古色古韵的校门,沿校门两侧蜿蜒起伏的古典式围墙,就像两条长龙守护着饱经风霜的百年老校。

由校门进入,迎面是一个大大的池塘,池塘被命名为荷塘,虽时值初冬,未见"接天莲叶无穷碧,映日荷花别样红",徒有"一池寂寞瘦枝残""一段清霜姿色去",却仍是"萧瑟风中独自歌""霜逐芳魂锁曲栏"。

校门的正北方,是 1925 年秋为缅怀孙中山先生所建的"中山堂",还有为纪念抗战胜利、由村民自愿集资建造的两层小门楼，青砖灰檐，古朴端庄，挺拔矗立，上面题写着当年的校训"闻鸡起舞"。

中山堂的西面，是明清时的大佛殿、三圣宫、鲁班祠，它们和中山堂、纪念抗战胜利的门楼，以及被保护起来的新旧各异的石碑和德育园里的革命英烈群雕塑像，妙趣天成地融合在一个物理空间，遥相呼应；仿佛在与一届又一届的青墩寺学子回望苍穹、诉说历史、追忆过往的同时，铸就了青墩寺小学独特的校园文化。

门楼的东南角，是"党建纪念碑亭"。沛县张寨镇中心小学校长王灿告诉我，这里是沛县革命的摇篮与旗帜。1929 年夏，在那个风雨飘摇的战争年代，中共沛县第一个特别支部在这里诞生。此后这里培养和造就了孟昭佩、解慕唐、郭影秋、郝中士、张光中、鹿渠清、李公检等一大批革命志士。悠悠岁月和不灭的革命烽火，给百年青墩寺小学留下了宝贵的红色文化资源。

紧挨"党建纪念碑亭"，是建设在学校中的中共沛县党史纪念馆。党史纪念馆全面展现了沛县党组织建设史、成长史，分为序厅、湖畔星火、抗战风云、古沛曙光、特委春秋和碧血丹心六个展厅。我们置身其中，沉浸其里，似乎走进了沛县风起云涌、波澜壮阔的历史画卷。

青墩寺小学校长甄锋介绍说，学校充分利用自身独特的红色文化资源，紧扣红色教育主题，注重红色文化传承与发展。通过实施"九个一"工程，即"每天读一首红色诗文，每月开展一次红色诗词朗诵，每学期组织一次红色文化采风活动及作品展，每学年开展一次红色诗文征文比赛，每学年组织一次大型红歌演唱比赛，每人选择一条积极向上人生格言，每人确定一名自己心中崇拜的英雄，每人制作一个红色网页"，让红色教育入心入脑，让红色基因代代相传。

由党史纪念馆来到南楼课程基地的第一层，这里是学校的科普体验馆，青墩寺小学的孩子正在这里兴趣盎然地参与体验。科普馆由 VR 体验区、科学实验区、乐高玩具拼接区、重力反应力体验区四部分组成。奇特而神秘的科普文化激发了学生学科学、用科学的浓厚兴趣，在孩子幼小心灵中播下了一颗颗热爱科学、探索科学的种子。

王灿校长对我说，青墩寺小学从2018年开始构建课程文化，省级课程文化课题2021年12月顺利结题。南楼的二、三层，是各种特色课程室馆：扎染室、创意美术室、葫芦丝演奏室、民俗体验馆、民间游戏体验馆、生活技能体验馆等。这些丰富多彩的特色课程文化，给每一位孩子带去了生命的灵动与丰富的成长的体验。

在南楼的课程基地外，是耕读劳动体验区。这里有农耕文化体验园，通过刀镰、推车、磨盘等农具实物展示，结合图片、资料，追溯农耕文化起源，让孩子们明白我们的祖先就是靠刀耕火种、繁衍生息，一步步走到今天，从而懂得敬畏、珍惜来之不易的幸福生活。体验区里还有劳动实验园，一畦畦菜地，成为孩子们劳作的乐园。他们为农作物浇水、除草、施肥，观察农作物发芽、生长过程，既学习了相关的种植技术，又感受到了劳动的意义与价值，还收获了不一样的童年和学习生活。

在青墩寺小学，书香文化更是弥漫校园。学校在耕读劳动体验区建有读书亭，在墙壁、楼道、围墙，乃至大树下，都建设了开放式书架、书柜、书壁、书橱，就连曾经用作防疫的隔离室，都被改建成了快乐读书吧。书从图书室里走了出来，走到师生的身边，与师生随时相遇。浓郁的书香帮助这里的乡村孩子养成了爱读书的好习惯。

漫步校园，这里的一墙一壁、一砖一瓦、一草一木都倾注了师生的心血，都被赋予了文化的符号、烙上了文化的印记。甄校长说，校园里的文化，都是师生自己设计、自己动手，不满意推翻重来，虽然有点土，但都是为了孩子，为了孩子们的学习与幸福成长。

在校园的西南角，有一个土台，土台壁被加装上废弃的黑板，成了孩子课余饭后涂鸦的阵地。土台上的动物世界，是师生用稻草扎的大鹅、恐龙、稻草人，栩栩如生。

下课铃声响了，孩子们像快乐的鸟儿飞出教室，在校园里面跳绳、打球、跳竹竿舞，还有一些孩子娴熟地滚着铁环。我正看着这些滚铁环的孩子出神时，甄校长笑着说："汤局长，我是从你公众号'汤勇晓语'中无意看到一篇文章，才开设的滚铁环社团。我们觉得，孩子们哪怕挨了批评，只要铁环一滚动，他们所有的不开心和委屈都在笑声中消散了！"

是的，这些活动其实也是一种文化。学校有了丰富的活动文化，也就有了更多的成长平台，孩子们在参与中能够找到伙伴、玩伴、学伴，找到自觉、自尊、自信，找到爱上学校和学习的理由。

青墩寺小学，作为一所生长在文物与文化中的乡村学校，正是通过文化的创建与浸润，实现了历史与现实的交融、文化与教育的共鸣、树人与育人的同频，也点亮了全校300多名师生的心，让他们焕发出了蓬勃向上的精神风貌，让学校时时处处都呈现出教育的魅力，彰显出乡村教育的美好与活力。

当然，更重要的是，让这里的乡村因乡村学校与教育而充满着无限生机与希望！

帅乡教育见闻录

　　蒋峥林，仪陇县马鞍教育督导组组长，一个有思想、有情怀、有情谊的教育人。我尽管很少与他见面，他却一直对我支持有加。这些年，我组织的陶行知研讨会和各种活动，他一次都没落下，也不遗余力地组织校长、老师参加；我的相关书籍，他也多次组织校长、老师共读。这一切让我心怀感激，心生感动，心存感念。

　　蒋主任具有深厚的乡村教育情怀，三十多年来一直坚持扎根乡村，组织多次安排他到县城甚至到教育局机关工作，他都拒绝了。他在朱德总司令故乡——仪陇马鞍教育督导组践行教育十多年，一直推进书香校园建设，一直推动师生读书，并以此改变了师生生命成长的方式，促进了乡村教育生态的改变。

　　他一直邀请我去看看他那里的学校，与那里的校长、老师交流交流。虽然我们离得挺近，却一直没有找到合适时间。前几天去大邑的路上，又接到他的来电。屈指一算时间，这一学期又所剩无几，于是我答应他结束大邑之行便去他那里。

　　在成都大邑满满的一天活动，晚上又和大邑的教育界朋友探讨教育、交流教育。第二天凌晨5点，我从成都大邑驱车400余公里，上午9时过赶到了仪陇日兴高速收费站。早已等候在那里的蒋主任、曹主任、曹校长接上我，立即去了马鞍教育督导组所辖的大风小学。

大风小学是一所九年一贯制学校。学校秉承"风行水上，自然成文"的教学理念和"花苞心态"的育人理念，做自然化教育，让学生在亲近自然、走进大自然、触摸大自然、感受大自然、领悟大自然中，建立与大自然的身、心、灵的链接，从而使乡村孩子得以幸福健康成长。

仪陇马鞍不仅是伟人故里，也是客家大镇。这里完整地保留了客家礼仪风俗，境内客家会馆龙母宫、客家民居丁氏庄园、乐兴客家老街保存完好，为学生接受乡土教育和传统文化教育提供了丰富的载体和资源。

乐兴小学，被称为仪陇客家第一校。一走进校园，浓郁的客家文化气息便扑面而来。客家文化墙，极富创意，形象直观；客家家训，字字珠玑，启迪后人；客家农耕博物馆，一张张图片、一件件实物，揭开了客家人生活的神秘面纱，展现了客家人朴实清新的生活场景。

学校研发的客家校本课程，开设的客家语言课，开展的客家艺体社团活动，让大山深处的这所乡村学校特色鲜明，独具魅力。

仪陇朱德红军小学总校位于朱德故里马鞍镇，学校以传承朱德精神和红色基因为主题，致力于红色校园建设。漫步校园，红色文化如火如荼，红色经典浸润心田，红色芳华熠熠生辉，红色教育声色并茂。

朱德红军小学总校，除了红色弥漫就是书籍飘香。忆德园、忆德读书长廊、班级图书柜、楼道书橱、楼层书壁、教师咖啡书屋……把学校图书室内的图书"请"到了师生活动区域。"好书常伴左右，图书触手可及"，成为朱德红军小学总校最迷人的风景；书香所至，师生不约而至，带着梦想在书籍里旅行、穿越时空与智者对话，成为朱德红军小学总校最动人的画面。

下午在马鞍中学参加 2023 年书香校园建设与乡村教育发展研讨会。在听取了马鞍教育督导组蒋峥林主任的致辞，杨桥小学校长李向阳、大风小学校长曹睿赴温州龙湾挂职学习汇报交流，以及乐兴小学校长谢东参加四川省陶

行知研究会农村教育专委会 2023 年年会的感悟体会后，我做了《阅读与乡村教育发展》的讲座。讲座结束后有老师说，乡村教育原来可以这样美好，他要用爱与坚守扎根于帅乡的乡村教育。还有老师告诉我，他过去很少读书，现在要坚持阅读，在阅读中相遇美好，在阅读中成就更好的自己。

在马鞍，还相遇了多年来给我帮助与支持的仪陇城北教育督导组组长彭毅、聊垭教育督导组组长孙玉强、立山教育督导组组长李辉等老朋友。

让阅读为帅乡教育奠基，为马鞍教育铸魂！

盘"龙"卧"虎"，溢满幸福

阆中盘龙小学是一所新建学校，校长缪旭一直希望我去学校看看，但一直未找到合适的时间。趁着这几天高考没有外出计划，前两天遂了缪校长的心愿。

上午 10 点多，我和秘书长张平来到盘龙小学。伫立校园，经过几天断断续续雨水的冲刷，校园洁净清爽，一尘不染。晴空万里，蓝天白云，在明媚阳光的映衬和挥洒之下，校园显得更加亮丽绰约、光彩夺目。一栋栋朱红色的楼房，在翠绿欲滴的树木和娇羞欲语的各种花草的掩映下，更显生机蓬勃。

对于一个刚投入使用不到一年的新学校，可能还看不出强劲的成长态势。但所见所闻、所感所悟、点点滴滴，却已昭示出盘龙小学的强劲未来。因为，从校长缪旭，副校长姚乾平、李春会、缪静一边陪我们转学校一边介绍他们的办学构想以及目前学校的发展中，我们强烈地感受到了这一点。

他们抓住了文化这一引擎。文化是最好的教育，是牵引学校发展源源不断的力量。盘龙小学位于阆中古城凤翅大道，背靠盘龙山脉，比邻嘉陵江畔。校内还有一口水源清冽甘甜的古井。据说这口井，还有一些神奇的传说。

对于新建学校，我历来反对为了文化而文化，为了文化而牵强附会文化，为了文化而急于求成文化。文化需要碰撞，需要积淀，需要生成，需要时间。鉴于此，他们没有急于把文化上墙上壁，而是用他们已有的鲜明的文化来兴校、立校、强校，以文化昭展学校内涵，不断努力架构，不断谋划，分步实施。

我一直主张，故事是最好的文化，好故事不仅成就好人生，好故事还成就好学校。我曾经写过一篇文章，徐州的云龙湖为什么敌不过西湖？是因为它缺乏故事，而西湖有它生动、传奇、璀璨的故事。为什么一些学校建筑豪华，却敌不过深山里一所青瓦屋面的小学校？因为看似高大上的学校缺乏文化故事，而那些大山深处条件简陋的学校却有着生动且能够经久传诵的文化故事。

缪旭校长告诉我们，他们不仅要整理学校如何建校、开学的故事，还要讲好感人至深的老师、学生、家长、社会各界关爱学校的故事，同时还要多角度考虑文化、美学、地域、历史等要素；本着尊重自然生态与人的联系，拟采用"叙事"的方式，让校园每一处"井""景""境"都富有故事，让学生在讲故事、听故事、传承文化故事中深入理解学校文化的深远意义与独特价值，获得知识与生命的生长。

他们把住了阅读这一关键。阅读对学生，是最好的学习，最好的成长；阅读对于教师，是最好的备课，最好的修炼。我甚至多次说，一个校长如果说在学校只能做一件事情，就绝对是建设书香校园，帮助师生养成一种良好的阅读习惯。

缪校长应该充分认识到了这一点，他们自始至终以阅读作为支点，把书香校园建设作为一种重要的校园文化来做，把读书活动作为一件大事来抓，把帮助师生养成良好的阅读习惯作为一个办学目标来跟进，把校园有一个喜欢读书的校长带领一群喜欢读书的老师陪着孩子们一起读书作为校园一道亮丽风景在追求。在2023年4月23日的世界读书日，学校所开展的"盘小天地大，书香日月长"系列读书活动，已走进了央视新闻频道《朝闻天下》。

他们牵住了艺术教育这一"牛鼻子"。我曾写过一篇文章谈教育的"有用"与"无用"。我说，在当下，教育完全是"有用"的教育，为了分数与升学，以及今后的好职业，大家拼命追逐的都是"有用"的教育。然而一时"有用"

的东西，若干年之后可能变得"无用"；而恰恰是那些在当下看似"无用"的东西，比如说琴棋书画、吹拉弹唱等，可能会更为"有用"。生命因艺术而润泽，精神因艺术而升华。艺术教育给孩子们带来的情操、审美、对美的追求、阳光积极的心态、创新精神和创造力等，终将成为孩子们受用一生的财富。

基于此，盘龙小学把艺术教育作为实施素质教育不可或缺的重要内容，作为涵养师生情操、提升师生精气神、丰富校园学习生活、奠基孩子未来幸福人生的一个重要抓手在抓。不到一年时间，他们通过研发艺术课程，上好艺术课，开展丰富多彩的艺术展示、展演活动，让教育有了不一样的气息氛围。

他们秉持着"劳动实践是最好的生活教育"这一鲜活思想，让孩子在广泛参与劳动实践中，用身体去丈量物理和心灵的世界，用其全部感官去认知和学习。这样既能益德增智，又能强体健美。当前，加强学生劳动实践教育，已上升为国家意志与国家高度。

缪旭校长说，他们在建学校时便把建劳动实践基地结合进去，去年9月一开学，孩子们既有了学习文化知识的教室，还有了接受生活常识教育、生活实践教育的"学农园地""红领巾菜园""开心农场"。这一畦畦菜地，孩子们特别喜欢，他们不仅在劳动课劳作其中，而且在课余闲暇都常去观察关心。他们陪伴着一棵棵作物、一株株禾苗，一起快乐成长，似乎彼此都听到了生命的滋滋拔节声。

我在想，这里的孩子今后即使考不了高分、上不了名校，但他最起码会成为一个有责任、有担当、会生活、热爱劳动、珍惜生命的合格公民，会成为一个对自己、对家庭、对国家、对社会有用的建设者。

他们坚守了"让儿童站在校园正中央"这一基本价值取向。儿童观，是最基本的教育观；儿童立场，是最基本的教育立场。在盘龙小学的几个小时里，给我最强烈的感受，就是这里的教育人都具有很强的儿童观和儿童立场，时时处处都在为儿童着想。因为不管是从文化到活动，还是从课堂到生活、从校长到老师，都在为孩子们全力以赴，这就是"把孩子放在教育的正中央"。

缪旭校长讲，学校的校园文化建设都是通过让孩子参与来实现，呈现的完全是孩子们的作品。

分管教学的副校长姚乾平告诉我们，这里的课堂，老师们由教师变身为教练，把课堂还给了孩子，让孩子成为课堂的主人，也让孩子站在了课堂的正中央。孩子们在老师的引导下，自主学习、合作学习、快乐学习，孩子们的课堂学习积极性很高，都会学，也能学会。

分管后勤的副校长李春会说到儿童，更是充满着激情。她说，一食一味，一餐一情。"食"光有味，"育"见成长。我的菜谱我做主，学校将学生的健康放在"看得见的高处"。为了充分体现孩子在食育过程中的主体地位、给孩子更多选择食物的机会，学校经常开展"美食心愿"菜谱 DIY 活动，让孩子们用图画点菜。孩子们在画纸上彩笔挥舞，一道道美食跃然纸上——红烧牛肉、五柳炸蛋、五彩肉丁、香菇肉馅饺……当然也少不了最爱的水果——苹果、橘子、哈密瓜……然后孩子们将手绘菜谱贴到美食心愿树上，学校每周尽可能将孩子的心愿落实到食谱中去。

我们参观校园时正好到了中午孩子们的用餐时间，发现孩子们的菜品不但丰富，而且做得精细，营养搭配也科学。生活老师抬了几大筐不同品种的时令水果。饭后，每个孩子都有一份水果。孩子们在餐后还能够享用到自己喜欢的水果，这在很多学校是少见的。

盘龙幼儿园在盘龙小学内，副校长缪静兼幼儿园园长。我们所看到的幼儿园环创文化也完全是儿童的视角，它们给儿童们展现的完全是童话般的世界。缪静对我们说，这里没有识字拼音，也没有背唐诗、记英语单词。老师们让孩子徜徉于童话般的世界，通过看绘本、听故事、唱歌谣、做游戏，尽情玩耍嬉戏，来呵护孩子们的天性，开启孩子们的想象力，培养他们的合作意识，帮助他们养成良好的习惯。

在盘龙小学时间虽短，却感触颇深，收获很多。期待盘龙小学能办成盘"龙"卧"虎"、溢满幸福、孩子们充满向往与喜欢的学校，也祝福盘龙小学的明天更美好！

这所乡村学校风光独好

重庆市南岸区教师进修学院党委委员、纪委书记余明海，与我神交甚久。南岸区教师进修学院一对一精准帮扶重庆市开州区满月小学，余明海书记邀请我作为指导专家到校指导并专题引领。

结束云南红河州金平县之行，便从昆明飞万州，余书记、黄老师等一行从机场接上我去了开州。这也是我第一次到开州。

开州物华天宝、人杰地灵，素有"举子之乡""帅乡"之美誉。这方水土，曾养育出清同治年间两江总督李宗羲、"公车上书"开县六举子、十四名红岩英烈，特别是诞生了被誉为"第一军神"的开国元帅刘伯承。开州区满月镇的"满月"，因西汉时期"王莽追刘秀"，刘秀皇后阴丽华在此产下天子并满月而得名。满月镇是古代著名的秦巴古道重要节点，有"一脚跨秦巴、一月照千峰"之称。

满月镇中心小学，是一所农村九年制学校。学校坐落在山势挺拔、如刀劈斧削的大山之间，与大自然和谐地融为一体，远远望去，就像一幅极富艺术价值的水墨画。

头天晚上我们入住满月镇一家用闲置村小改造的民俗酒店。一大早我们便来到学校。尽管这里海拔高，山顶积雪皑皑，天气异常地冷，校园里却已是灯火通明、人声鼎沸。校园广播播放着明快的音乐，陆陆续续到校的孩子在操场玩耍嬉戏，或打闹，或奔跑，或跳绳，或打篮球、乒乓球。欢笑声、雀跃声给山区寒冷的冬天带来了灵动与温暖，也给大山深处的乡村带来了勃勃生机与希望。

张前波校长，80后，人年轻，帅帅的，有活力，有想法，有乡村教育情结，有改变学校的强烈愿望。他陪我们转了一圈校园。

学校依山而建，很有层次感。虽然校舍看起来普通，设施也简朴，却处处洋溢着淳朴的乡村气息。特别是一进校门左侧楼顶上的几个大字"书香满园，日积月累"，既巧妙地把镇名"满月"两个字嵌入其中，又昭示出学校的办学特色——建设书香校园，以书香浸润师生，以书香改变教育。

过去我到学校，从不听汇报，只看"两神""两个地方"。"两神"指的是教师的精神、孩子的眼神。如果教师精神振作、精气神十足，孩子眼里有光，那么这个学校教育生态一定好，一定没有一味拼分数，一定践行的是素质教育、幸福教育。"两个地方"指的是食堂和厕所。食堂卫生、饭菜可口，厕所洁净、没有异味，说明这个校长的管理是到位的，是在用心做管理。

为此余书记和我特意去厕所看了看。厕所的地面铺着光滑的瓷砖，每一块都很干净，在柔和灯光的映照下，更是十分光洁；洗手台上的一排水龙头，静静地卧在那里，好像随时接受孩子们的检阅一样。进入这样的厕所，很舒适。学校的精细化管理，由此可见一斑。

到了用早餐的时间，我们随老师们到了食堂。食堂敞亮通透，干干净净。一人两枚土鸡蛋、一碗粥、一份热腾腾的酸菜肉丝面，吊起了我们的胃口，温暖着我们的身体。

用完早餐之后，余明海书记召集大家对学校问诊把脉。重庆采辞教育研究院院长马建斌就《亲青文化引领的乡村学校优质发展规划框架》做了汇报；我就校园文化、书香校园、课程建设、课堂变革、社团架构等方面，谈了我的一些想法与看法。

我以为，一个乡村学校一定要有文化。一个有丰富文化内涵的学校，师生对这个学校的观感、接纳度、积极的印象就会被"创造"出来，学习、工作的热情就会被"激发"出来，这本身就是很好的教育。一个乡村学校更要有自己的书香，让书香浸润师生，让书香文化成为校园一道亮丽的文化风景。

我还以为，乡村学校一定要立足乡土。充分挖掘乡土文化，生成乡土课程，让孩子留下乡音、记住乡愁、扎下乡根；乡村学校一定要开放课堂，带孩子到田间地头去，到大山深处去，到美丽的大自然去，去看蓝天白云，去呼吸新鲜空气，去听鸟儿鸣叫，去感受乡村的静谧；乡村学校的活动应该是丰富多彩的，可以阳春白雪，也可以下里巴人，跳大绳、踢毽子、滚铁环、抓石子儿、打陀螺、踩高跷等，都可以给孩子们带去快乐，也可以给孩子们留下一个幸福的童年。

随后我为全校老师做了一个微讲座，围绕"朴素""幸福""热爱""情怀""成长"几个关键词，同老师们做了分享。

满月中心小学的手工社团，就地取材，因陋就简，变废为宝。比如利用废旧书报、牛仔裤、木材、纸壳，还有捡拾的树枝、树根、荷叶等，所创作的一件件作品，形象生动，惟妙惟肖。我们来到"满乡韵月"工作坊，就像进入了一个艺术殿堂一样，孩子们的各种手工作品琳琅满目，让我们应接不暇，观赏其中，不禁啧啧称赞。

短短的几个小时的时间，虽然没有全面深入，却让我们感受到了一所乡村学校应有的样态。相信以此项目推动为契机，通过两年的协同改进，一所让孩子喜欢的乡村学校将屹立于开州大地！

我见证了中越边境上的乡村学校

走进云南红河州金平县。

金平县沙依坡乡中心小学校长徐家平是我的忠实粉丝，读了我的好多文章，也买了我出的几本书。去年他引导老师们共读了我的《面向"双减"的教育》并分享了读书心得，现在正组织老师共读我的书《行走中的教育》。2022年11月份的贵州黔西盛会，徐校长不顾路途奔波，带领几名村小校长参加。在返程的高铁上，他还写下了那次参会的体会及收获。

徐校长一直邀请我去他负责的学校指导，并希望我能给老师们做个讲座。黔西会议报到的当天下午，他专门从另一宾馆来到会务组入住的地方，当面相邀。

那是我第一次见到徐校长。瘦高的个儿，一双小眼睛却很有光亮，显得人特别精神。他给我介绍了他的情况，他原在一所中学做副校长，后到了教育局人事科，又自己申请到农村学校担任了校长，再回到教育局基教科当科长。他热爱乡村教育，觉得学校工作更适合自己，于是他再次放弃机关工作，到了相对偏远的沙依坡中心小学任职。

他给我介绍了这所学校的情况，也谈到了学校发展的瓶颈，更交流了他对教育的很多看法以及对办好一所学校的一些想法。

我感觉徐校长是一个有想法、有情怀、有思想，随时都荡漾着教育激情的校长。

金平县属于边境县，离越南很近——仅一河之隔。我也一直想去看看这里的乡村学校和教育。结束营山之行后，我辗转来到了云南红河州的蒙自。

车子行驶在蒙金高速上，由海拔1245米一路下行到150米，出高速再由蜿蜒小路盘旋到海拔1400米。阴雨的天气，冬天的时令，加上东南亚的气候，山间的大雾从山脚起步，便悄然而至。随着海拔的升高，愈来愈浓，如同柔软的白纱帘，把周边的大山包裹在一片神秘之中；又好似轻飘的白幽灵，将远处的世界遮蔽于帷幕之下。雾气吞噬了一切，徐校长凭着只剩下的近处依稀可辨的小道，还有对路况的直觉，带着我们行进两个小时来到了阿都坡小学，这是沙依坡乡中心校所管辖的一所村小。

进入学校，整个校园都被大雾笼罩着，一片朦胧，教学楼等建筑物若隐若现。我们去的时候，正赶上课间休息，弥漫的大雾，飘着的小雨，寒冷的天气，没有阻挡住孩子们课间活动的热情，200多个孩子在校园里尽情地玩耍、奔跑，有的玩老鹰捉小鸡，有的转呼啦圈……整个校园就像一个沸腾的世界，一个欢乐的海洋。这里的课间，真正属于孩子。

其中有一个转呼啦圈的小女孩，个子不高，皮肤黝黑，却伶俐机灵。随着她手的轻拂，呼啦圈神奇而轻盈地在她腰间转动起来，在她腰间仿佛一个流动的光环，在闪耀着。她的身姿同呼啦圈融合在一起，更似一丛绽放的花朵，在校园灿烂竞放。

阿都坡小学的施校长带我们参观学生食堂，土豆烧牛肉、番茄炒鸡蛋、清爽素菜汤，竟勾起了我的食欲。在每层楼的楼道拐角处，建有开放式书橱，我们来到这里，看到几个活动后冒了一身汗的孩子，正拿着书认真地翻看着。

原计划徐校长陪我去看看另一所村小，因雨天雾实在太大，没有成行。我们又驱车顶着雾小心翼翼下到山脚，再由另一条道直接去沙依坡中心小学。

沙依坡中心小学在海拔1484米处，我们行驶在朦胧的雾中，仿佛置身于仙境，又好像在梦幻中穿行。到沙依坡中心小学时已是中午 12:30，我们在用过午餐后，在校园里转了转。校园不大，却错落有致、布局合理，校舍虽有些陈旧，却能看见明亮的教室、忙碌的老师、勤奋好学的孩子。

徐校长给我介绍，学校充分挖掘地方文化和民族艺术，丰富课程内容，优化课程设计，力求课程多样化、丰富性，着力构建特色课程。学校开设有合唱、舞蹈、绘画、书法、朗诵、篮球、乒乓球、啦啦操、手工、吉他、跳绳、五子棋、陀螺、滚铁环等 20 多个社团。这些社团打破班级、年级界限，实行走班制，让学生根据自己的兴趣爱好和个性需求，选择感兴趣的项目参加。丰富的课程和活动，让这里的每一个孩子都童心飞扬。

前不久，学校给老师们赠送了我的新书《行走中的教育》，老师们正在共读。我来到徐校长的办公室，老师们拿着《行走中的教育》让我一一签字。"阅读陪伴，滋养一生""做一个卓越而幸福的乡村教师""阅读，让教育更美好""阅读，收获幸福人生""以阅读改变教育""用阅读点亮人生""阅读，相遇美好""阅读，廉价的成长""阅读，教师最美好的修行"……这些赠语，是我对沙依坡老师由衷的期望与祝福。随后我为全体老师做了两个小时的阅读讲座。徐校长既是沙依坡中心小学的校长，又是金平县岭北教育集团的总校长，集团下辖五个乡镇的学校。除沙依坡中心小学的老师在现场参加外，沙依坡乡各村小的老师以及集团成员校的 400 多位老师通过视频收看。

之后，徐校长送我到蒙自坐返昆明的高铁。我们经过红河州的河口县，河口县与越南的老街省仅一河之隔。我们停下车，站在河口县，远望越南的老街省，隔河感受越南的风土人情。一个越南人向我们兜售越南小物件，我们问他中国好还是越南好，他用不流利的中国话回答："中国好！"我们问他喜欢中国的生活吗，他说："喜欢，很喜欢！"

第一次走进云南边陲，第一次感受中越边境上的乡村学校与教育，不同的地域与风情，教育却有着一样的甜润与美好！

营山教育，风景美丽如画

营山县红光小学校长杜辉是我多年的朋友，也是一位很有教育思想、情怀，并且时时都充满教育激情的校长。2016 年他参加了南充市委、南充市政府在阆中召开的南充农村教育大会，并参观了阆中的乡村学校。之后，杜校长在他当时所在的学校——营山县回龙小学，开始借鉴阆中的做法，践行朴素教育理念，营建校园文化，营造书香校园，开辟劳动实践基地，开设丰富多彩的社团活动，让一所乡村学校发生了深刻变化，让回龙小学亮丽于乡村、闪亮于营山、出类拔萃于巴蜀大地。

为此，他成了众人钦羡的名校长，也有了他领衔的杜辉名校长工作室。在他的名校长工作室，他把自己对教育的理解与做法，厚植于工作室的每一位校长心中。在他的引领下，营山县的乡村教育乃至整体区域教育品质有了显著的提升。

两年前，杜校长被调到县城学校——红光小学。学校以"铸红心，放光彩"为校训，以"润化心灵，绽放生命"为办学理念，以"润"作为文化创设与架构主线，通过"学生浸润，教师滋润，课程丰润，家校和润"，走出了一条特色文化发展之路。师生的精神面貌焕然一新、昂扬向上，学校时时处处都呈现出教育的"场"，一砖一瓦、一草一木都有了育人的效应与意义。

杜校长提出的"三不"——不盘剥家长、不折腾老师、不折磨孩子，更彰显了他对教育规律的敬畏、对教育良知的坚守、对教育责任的担当，更体现了他对家长深沉的情感、对师生深厚的情谊。

营山县云凤实验小学是一所有近两百年历史的老校，校园面积不大，却有六千多个学生。现任党总支书记蒋红敏，个儿不高，却特别精干、智慧，她以她的学识、人格魅力、身体力行的示范以及人性化的管理，把云凤实验小学办成了一所富有品质与内涵的学校。蒋红敏在成就学校的同时，也成长了她自己。她之前是杜辉名校长工作室的成员之一，现在她又成了营山县名校长工作室的领衔人。这次营山之行，便是受她之邀，参加她的名校长工作室启动的系列活动。

前一天下午受聘为她的名校长工作室专家顾问，并为她的工作室成员做交流指导。我围绕教育的"朴素、幸福、内涵"三个关键词同大家进行了分享。晚上又为云凤实验小学的老师以及蒋红敏名校长工作室成员做了"阅读，让教育更美好"的讲座。讲座结束后，蒋书记做了精彩的复盘与点评。在离开报告厅的那一瞬间，老师们用深切的目光与轻轻的挥手相送，依依不舍，让我收获了不尽的感动。

营山西城实验小学校长曹俊峰也是多年的陶友了，他知道我到了营山，一大早便来到酒店接我去看他的学校。

一进校门，一大片菜园子便映入眼帘。菜园子里的各种绿油油的菜蔬，长势喜人，一派生机盎然；再辅以鲜活而生动的劳动文化，给新时期学校劳动教育以生动的诠释，也给冬天的校园带来了灵动与清新。

曹校长带我参观了学校科技教育与艺术教育成果展。劳动教育、科技教育、艺术教育三套马车上阵发力，让一所建校仅有六年的学校有了自己的办学特色和个性风格。

在营山的一天多，还认识了营山县中小学教学研究室原副主任罗勇军和营山县教育科技和体育局工会主席陈明。罗主任虽已退休，却人退心不退，一直在关注教育、思考教育、研究教育；一直在和校长碰撞管理，寻找办学之道；一直在躬耕课堂，和老师们观课、研课、磨课。

陈明主席虽然在教育局机关当了十几年办公室主任，却一直没有丢下自己的专业，一直在探索课堂，推进课堂改革，为有效课堂的生成而孜孜以求；也一直在坚持教育科研，他主研的课题和指导的学校科研课题，多次获得国家、省、市成果奖。

这次相见，都特别亲切。在这里所邂逅的美好，所见到的教育美丽的风景，给我留下了深刻的印象。

寒冬里的温情

结束成都陶行知研讨会活动后，我到了巴中市。

尽管气温陡降，寒风凛冽，但一见着迎上前来接站的巴中经开区黄家沟实验小学徐蓉校长和巴中经开区社会事务局的李髦主任，我顿时倍感温暖。简单用过午餐后，巴中经开区社会事务局的张春部长和李髦主任便陪我到了巴中经开区奇章小学、西溪实验小学、黄家沟实验小学。

奇章小学是巴中经开区唯一一所农村学校，学校规模不大，却环境清幽、整洁干净。面对农村学校生源逐渐减少的现状，针对怎么办出乡村学校特色，怎么做出能够留住乡村孩子的教育，我们与王思国校长做了交流与探讨。

巴中经开区西溪实验小学虽建成投入使用只有一年多，学校却极具鲜明的特色。学校利用运动场四周开辟出的菜园子，让城市学校也泥土芬芳，有了浓浓的生活教育气息。

我和徐蓉校长是在贵州黔西大会上相见相识的。这是一位时时刻刻都充满着热情、荡漾着教育激情的校长，大凡与她接触，都会被她澎湃而昂扬的生命状态所感染。

她之前在巴州区晏阳初实验小学任副校长，后通过遴选由她牵头筹建巴中经开区黄家沟实验小学。办学五年以来，她以自己的理念与智慧、情怀与执着、用心与投入，硬是将一所新学校铸就成一个响亮的品牌、一张巴中教

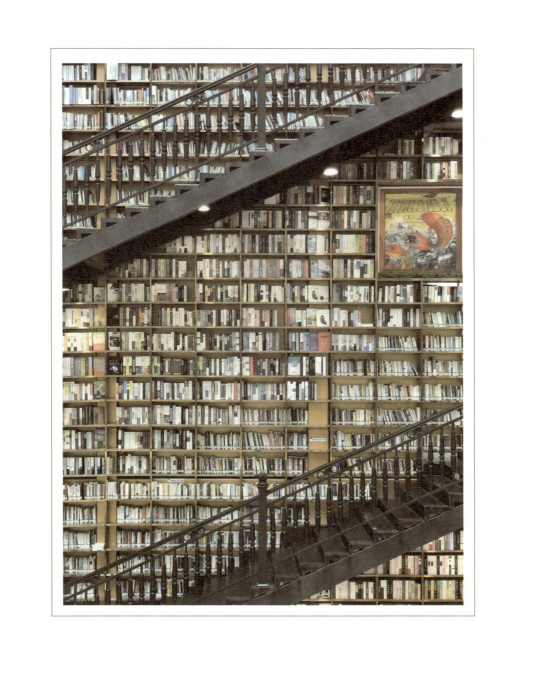

育亮丽的名片。特别是她以人文、人本、人性化的管理，让老师们都视学校为家、视学生为自己的孩子，把教书育人作为神圣的事业并收获了职业生活的尊严与幸福。

还有学校开设的六七十个社团，打破年龄、年级界限，按兴趣选择参加。门类齐全、丰富多彩的社团活动，寓活动于教，寄活动以乐，给孩子们带去了快乐与成长，给校园带去了欢声笑语、生机活力，给教育带去了亮丽风采与无限美好。

期间，巴中经开区党工委书记杨杰专门来看望我。他是我曾经教过的学生，这些年通过多岗位历练，已变得足够优秀。一个老师能够教出比自己还优秀的学生，那是老师最大的幸福。

巴中市巴州区教育局原局长彭冠华，这些年对我支持很大，我组织的活动，他都尽可能安排校长和老师参加。我们因教育而结缘，这次相见，特别亲切，聊到教育，都有共同的情感与认知。

彭局长是由巴中中学政教处副主任、团委书记，公考到巴州区教育局副局长，后担任市政府办公室副主任、目标督查办主任，再到教育局做局长。他喜欢阅读与写作，并由自身的成长与发展总结出年轻教师走向卓越且变得不可替代的三条捷径：一是爱岗敬业、精业乐业，让自己有足够优异的教育教学业绩；二是磨课研课，多参加赛课，多上公开课，用"课"说话，以"课"服众；三是多读书、多写作，以学识和作品让自己独树一帜。我以为很精辟，并深有同感。

之后我在黄家沟小学为巴中经开区300多位教师做"怎样做一个卓越而幸福的教育者"的讲座，巴中经开区社会事务局局长隆成先主持并做点评。互动环节，老师们争抢话筒，踊跃发言。黄家沟实验小学温菁菁老师首先发言："听了汤老师的讲座，受益匪浅，就如汤老师所说：'人生不是短跑，也不是中长跑，人生是一场马拉松，马拉松从来没人抢跑，因为起跑线并不重要。教育是慢的艺术，也是等待的艺术，教育接纳慢，拒绝内卷，不需要弯道超车。'"

奇章小学的赵晋老师接着说："听了汤老师的讲座，脑海里印象最深的一个词是'投入'。只有投入其中、专注其中，便会幸福其中，就永远不会产生职业倦怠。我今后一旦感受不到职业幸福，我便会叩问自己：'我投入了吗？'"

巴州区中兴小学蒲慧伶老师深有感触地谈道："以往教育中的很多疑虑与困惑，听了汤老师的讲座而茅塞顿开。当下的教育太喧嚣、太浮躁，的确需要回归朴素、回归宁静、回归自然、回归本真；当下教育太卷、太乱，的确需要打破剧场效应，重塑教育生态；当下孩子太苦，老师也太累，的确需要做好'双减'，把课间休息时间还给孩子，把职业尊严还给老师。"

黄家沟实验小学的陈浩民老师动情地分享："汤老师，您讲阅读可以增加人生的厚度和宽度，给了我深刻启发。教师的本职是教书育人，学校是传播文化、传承文明的阵地。建设书香校园，就需要教师带头阅读、榜样示范。只有教师拥有永不枯竭的源头活水，优质课堂的生成才会水到渠成。师生胸有文墨，自然口吐华章。"

抬头望去，室外已飘起了纷纷扬扬的雪花，学术报告厅内却因教育的碰撞而暖意洋洋。这些老师们的踊跃发言，把上午的讲座活动推向了高潮。

巴中市巴州区中兴小学校长明镜原在巴中市电教馆工作，他热爱乡村教育，主动选择到巴州的一个偏远乡村学校做校长。他想尽可能给一所乡村学校带去发展与改变，也给自己的教育人生增添一些丰富与意义。他知道了这个活动，一大早便带领老师赶来参加。

结束讲座活动，走出学术报告厅，雪花伴着寒气落在身上，但想到在这一天多的教育行走中在巴中所相遇的美好，心里泛起丝丝温暖……

宜宾江安深秋行

结束贵州黔西大会，即开启宜宾江安之行。

现在的交通真方便，从黔西坐高铁，一个多小时便到了宜宾。定云兄从宜宾西站接上我，不到一个小时，就到了江安。江安作为万里长江第一县，这里物华天宝、人杰地灵。从 2018 年第一次踏入江安，已先后到这里七八次了。每次去，都有不同的收获和感受。

这次是受江安县钱江实验学校鲁道富校长之邀，为该校老师做讲座。当天下午五点多入住酒店，简单洗漱，定云兄陪我吃了一份宜宾燃面，便来到江安县钱江实验学校。在校门口，钱江实验学校小学部校长杨芳接上我，去了她的办公室。离晚上六点半的讲座还有点时间，我和杨校长聊起了教师职业的美好。

杨芳校长之前是江安县教培中心的副主任，两三年前我去江安做讲座，都是她在对接。我组织的一些会议她都全程参加，也时常通过微信交流，为此我们成了很好的朋友。后来她被安排到了钱江实验学校负责小学部。在学校这两三年里，她和孩子天天在一起，虽然岁月远去，但时光在她身上却没有留下一丝痕迹；相反人显得更年轻，更弥漫着一股青春的气息。我说，这就是教师职业的美好，在和孩子朝夕相处中，能够涵养一颗童心。杨芳校长也不禁点头认同。她笑着对我讲，她喜欢孩子，喜欢和孩子待在一起的感觉，和孩子在一起，觉得很开心，也十分幸福。

时间到了，来到学术报告厅，江安教育局分管人事的副局长黄强、人事股股长肖意学都已坐在报告厅。黄局长告诉我，现场听讲座的 300 余人，除了钱江实验学校的全体老师，还有江安其他学校的教师代表，而且讲座会通过钉钉进行直播。

钱江实验学校这些年招聘的年轻教师很多，年轻教师可塑性强，但也充满着不确定性，因此我将讲座的主题确定为"做一个卓越而幸福的教师"。

在讲座中，我针对年轻教师如何收获职业幸福，围绕"成长"话题，由"我"谈起，现身说法，分享了我的一些人生经历，包括不断地自我加压、不断地倒逼自己、不断地阅读写作、不断地行走奔赴。从他们专注的眼神中，看得出讲座引起了这些年轻教师的思考与共鸣，对其内心也有所触动。

结束讲座，与钱江学校鲁校长、定云兄、教育局黄局长、人事股肖股长等一行走出校门，一个腿脚不很灵便的老师走到我跟前，对我说："汤老师，您今晚讲得太好了，特别感染人，我回去后要给每个老师传达。"他边说边拿出手机，让我看他拍的 PPT 图片和写的感悟文字。

我当时很感动。我以为这是一位校长，后来黄局长告诉我，这是一个平常比较调皮散漫的教师。没想到，这场讲座对他竟有如此大的触动。

两个多小时站着做讲座，虽然多少有点倦意，但那时的场景，让一切困顿都烟消云散了。

吴章兵是 80 后校长，善于思考，喜欢读书和写作，也时时刻刻昂扬着教育激情。他之前担任校长的乡村学校——夕佳山小学、城区学校——南城小学，都是中陶会的会员单位，我都去过。今年暑假，他被安排到西江小学做校长。章兵知道我到了江安，昨天上午一早，便接上我和定云兄，去了他的学校。

西江小学有 2000 多名学生，是在当地颇有影响的一所学校。我们走进校园，一边参观，一边听章兵介绍学校发展情况。

学校处于城区，想要对孩子进行劳动教育、生活教育、实践教育，难以弄到大片土地。他们就利用运动场后的围墙地带以及厨房楼顶，开辟出了两块学农基地，孩子们利用劳动课和课余闲暇，在这里动手劳作。正值深秋，小菜园一畦一畦，在孩子们的精心耕种与呵护下，各种菜蔬长势喜人。

学校有两个现成的长廊，现在还没有合理利用。我们边走边看，就下一步怎样把两个长廊分别建成阅读长廊、艺术长廊，以及今后学校怎样特色发展、怎样进行品牌塑造，同校长吴章兵进行了探讨与碰撞。

江安教育局十分重视黔西大会，还专门转发文件，要求校长组织老师积极报名。江安为此组建了一个团队，由黄局长带队，给大会以有力的支持。

在江安同一些参与校长交流，他们都觉得收获颇大、感触挺深。江安连天学校校长曾朝彬说这样的会他参加迟了，黔西大会让他终于明白了怎样当校长、怎样办乡村学校、怎样做乡村教育。江安桐梓小学校长王强也说，他参加了绵阳大会、黔西大会，感觉自己做一个校长太不够格了。

前天下午定云兄开车到宜宾西站接我，一路谈到几位老总七八年前投资四个多亿建起的钱江教育集团，现在已发展为一个从小学、初中到高中，有3000多名学生的名校。而且特地说到，这几位老总特别有教育情怀与使命担当，这些年一直支持学校发展，支持鲁校长独立办学。

荣幸的是，昨天晚上竟然相遇相识了投资钱江实验学校的夏斌先生，还有负责学校管理的林红女士，他们儒雅随和的气质魅力，给我留下了深刻的印象。在交流中，谈到对教育的理解、对人生的看法、对未来的向往，彼此都有相见恨晚之感。夏总说到他们投资教育的几组关键词，"初衷"与"初心"、"情怀"与"良知"、"责任"与"使命"，让我更对他们充满着敬佩之情。

江安西城小学副校长、小坝校区执行校长彭燕，这次很想去参加贵州黔西大会，因工作冲突未成行。她得知大会将给每位参会者签名赠送我的新书

《行走中的教育》，便请求也签名一本，托前去参会的老师带回。因会务较忙，无暇顾上，昨天我在随身携带的一本新书上签上字，送给了彭校长，她特别激动。

此时，我已离开江安，坐在宜宾去广东肇庆的高铁上。在这个深秋的江安，所相遇的一切美好，仍在脑际回荡……

风采中的风采

从中午开始，便在黔西教育局为参会代表赠书签名。

一位年轻女教师到黔西教育局办事，路过签名的地方，随手拿起一本《行走中的教育》，认真翻阅，久久不愿离去。当看到作者名"汤勇"，她十分惊喜。她说，他们全校老师之前共读了他的书——《面向"双减"的教育》，老师们收获特别大，对她的影响也很深，她还写了很多感悟文字。当旁边的同志告诉面前签名的老师便是汤勇时，她更是激动不已。她告诉我，她是黔西市永燊镇永燊小学的副校长，叫陈成，校长是金珍旭。

金珍旭校长，他既有乡村教育情怀，又对乡村教育有独到的见解。虽未谋面，我却对他很了解，也很钦佩。

他刚担任校长时，很多家长将孩子送往县城学校去就读。于是，他利用村委召开群众会的时间，给老百姓宣传自己的教育理念以及自己对教育的一些思考。他一方面在学校积极营建书香校园、开展读书活动、推进乡村师生阅读，另一方面又深度挖掘乡土教育资源，对乡村孩子进行亲家乡、亲土地、亲亲情的教育，让乡村孩子既爱上了学校与学习，又爱上了这片生养他们的土地。

家长们看到了乡村教育独特的魅力和希望。渐渐地，不仅本地的家长们愿意将孩子留在永燊小学，而且连邻近的乡镇的家长也愿意将孩子送来求学。

甚至一些已经把孩子转到城区读书的家长，又纷纷把孩子转回了永燊小学。他由此入选 2020 年度"马云乡村校长成长计划"。

金珍旭校长也时常与我在微信上联系，一起交流读书心得，分享管理点滴，探讨乡村教育发展。我让陈成代我向金校长问好。

陈成捧着我的《行走中的教育》说："汤老师，能不能送给我一本？"我说："可以。"她说："汤老师，能不能签个字？"我说："好呀！"遂在书上写了一句"让教育因我而美好！"送给她。

她又提出："汤老师，能不能合个影？"看得出来，陈成老师是一位活泼可爱、有激情、深受孩子喜欢，而且相当喜爱读书的老师。于是我放下手中的笔，愉快地同她拍照，留下了难忘的瞬间。

拍完照，我一边继续签字，一边想，我们的乡村学校，能够有更多像金珍旭这样的乡村校长，有更多像陈成这样的乡村老师，我们的乡村教育不就有了美好的明天了吗？两天后，贵州黔西乡村教育促进乡村振兴推介会暨教育高质量发展论坛即将开幕，来自全国各地近千名代表，将走进黔西，共同揭开黔西教育神秘的面纱，一睹黔西教育那令人久仰而心动的风采。或许，在这里的一切邂逅，比如同陈成老师的邂逅，便都是一种风采，一种风采中的风采吧！

"金校长，我比你幸运，今天，我在教育局见到汤勇老师了……"陈成老师一边向我挥手告别，一边通着电话。我猜想，她是在向校长金珍旭报告，语气中尽是满满的欣喜与炫耀……

霞浦"陶子"吴仙云

应该是七年前的一天，我接到一个电话："汤局长，我是福建霞浦的一名乡村教师，一直在坚持学陶师陶，想加入你们的陶行知研究会。"

"这很好呀！可以在陶研路上携手同行。欢迎，欢迎！"我在电话里回应。

随后从入会登记表中得知，这位老师叫吴仙云，是福建省霞浦县柏洋乡中心小学的副校长。

接下来我组织的一些活动，比如 2017 年安徽合肥年会、2018 年成都大邑"美丽而有温度的乡村教育"全国推介会等，总会看到一个挂着小包、衣着朴素、憨厚朴实、随时笑容可掬的老师在认真地参会，不管是听报告，还是现场参会，都特别用心，而且一次都没有落下——这个老师就是吴仙云。

他告诉我，他热爱乡村教育，也一直扎根于乡村，想用自己的微薄之力给乡村教育带去一些改变，给乡村孩子带去更多的希望。他说他一直在关注阆中朴素而幸福的乡村教育，也一直在读我的书，我的一些理念与主张对他帮助很大。他作为分管教学的副校长，想尽可能引领老师不唯分数、不死拼分数，让乡村孩子多些活泼、多些快乐，让教育多些温度、多些美好。

他还谈到他喜欢学习，在阅读中学习，在反思中学习，在行走中学习。他说他外出参加学习活动，都是自费。他觉得自己花点钱，却能开阔眼界、转变观念、增长见识、拓展思维，很值！

2018年11月，他在成都参加培训。得知我在四川广汉市开会时，他不辞辛劳专门打车几十公里到广汉见我，只为在一起探讨乡村教育、交流师陶践陶感悟。我为他对教育的执着与虔诚所感动。

2019年5月，我们在广州华联私立大学举办第二期乡村教师培训班，吴仙云又报名参加。时至今日，他谈到他参加的这次培训，仍觉得难忘、收获大。华联私立大学董事长、校长侯德富从暨南大学退休后创业。当时已89岁高龄的他还站立在讲台，既上课又无微不至地管理着一所万人大学，其创业故事和教育情怀深深地影响着他。

这期间，吴仙云多次邀请我到霞浦去看看，说霞浦作为世界最美滩涂，海岸线很长，有400多公里；而且学陶氛围浓厚，乡村教育也发展得好。我为此动心，很想去霞浦走走。

我的初衷除了考察霞浦教育和了解一下霞浦的风土人情，还有就是拜会霞浦县教育局局长，向他推荐推荐吴仙云。我以为在当下，有如此痴情于教育、痴迷于陶行知思想的践行和传播的人实属不多，更难能可贵；而且根据我的直觉与判断，吴仙云已完全具备做一个优秀校长的能力与潜质。

2019年6月，我和秘书处饶波去了霞浦。在吴仙云以及霞浦县人民政府督导室主任郑美豪的陪同下，我们先后走进霞浦第四小学、霞浦第一幼儿园、霞浦盐田中心小学、霞浦第一中学、霞浦三沙中心小学、霞浦溪南中心校。这些学校优美的环境、浓郁的文化、浓厚的书香、鲜明的办学特色，给我留下了深刻印象。特别是霞浦的各个学校，都以"陶"立校兴校，把陶行知思想运用于办学和教育教学，推进了学校的内涵发展，让一方教育有了它应有的品质与美好。

我当时在想，如若没有吴仙云的穿针引线，我们不可能走进霞浦，不可能认知霞浦教育，也不可能认识郑美豪、冯可超、郭邦洪、郑文等一批霞浦的教育界朋友。吴仙云作为一个霞浦乡村学校的副校长，竟有如此大的协调力与影响力，让我进一步加深了对他的认识，也更加坚定了要见见霞浦教育局局长的想法。

在霞浦的第三天，我一大早便去了霞浦教育局，等候在局长办公室。教育局韩则官局长，之前曾担任霞浦县政府办主任。我们见面握手，寒暄相叙，很是投缘。韩局长的随和亲切给我留下了难忘的印象。我向韩局长谈了我对霞浦教育的真切感受之后，向他推荐了吴仙云。我说我以曾在组织部当过干部科科长、分管干部工作的副部长，还有曾经做过十二年教育局局长，现在在全国各地行走且与校长打交道的看人识人用人经验，吴仙云能够胜任校长，而且会是一个很好的校长。韩局长当即表态，按程序考察使用。

就在 2019 年的 8 月，吴仙云向我报告，他已做了霞浦柏洋乡中心小学的校长。他向我表示感谢。我说这也许是水到渠成、实至名归，我只不过是顺水推舟，不言感谢，应该用卓越的工作业绩感谢韩局长对你的关爱与信任。

柏洋乡中心小学虽然偏远，学生人数不多，但柏洋乡有着优良的革命传统。这里曾是叶飞、曾志等老一辈革命家战斗过的地方，这里曾有 26 个村燃起革命的圣火，这里曾发生过震撼闽东的"陈墩暴动"事件，这里曾诞生过中共霞浦第一个支部，这里曾成立过中共霞鼎县委、中共闽东特委办事处，这里曾涌现出对党忠诚、英勇善战、视死如归的许旺、戴炳辉、董长玲等 100 多位革命烈士……吴仙云担任校长后，充分挖掘了这些红色因子，在校园文化建设中烙上文化符号，在学科教学中渗透红色元素，在开放课堂中凸显红色本味，在校本课程中传承红色精神，在实践活动中融入红色底蕴，让一所乡村学校焕发出新的生机。

由于吴仙云的工作业绩突出，前年他被安排到霞浦牙城中心小学任校长。这是一所离县城较近且有 3000 多名学生的大学校。

吴仙云到任后，在深入思考与研究的基础上，通过文化重建，让文化芬芳弥漫，以文化浸润熏陶，点亮师生；书香营建，让校园书籍飘香，常态化推进读书活动蓬勃开展，改变教育；课程构建，让课程多样丰富，以个性化课程做个性化教育，成长孩子；活动创建，让活动五彩缤纷，以对接未来人生和社会设计与架构社团铺路奠基。特别是"千人竖笛"已成为牙城中心小学最大的亮点和特色。2023年4月，中陶会农村教育专委会在霞浦召开理事会，与会代表参观霞浦牙城中心小学。当时千人竖笛齐奏，悠扬的笛声回荡在整个校园，孩子们自信的表情以及优雅的仪态绽放于美丽校园。其场面壮观，令人震撼。

霞浦是中国诗歌之乡，吴仙云又让诗歌走进校园，在校园创建了诗歌社团，建起了富有创意的"诗苑"、诗歌长廊，办起了文学诗报。逐渐生成的诗意文化与教育，更让一所乡村学校充满了诗情画意。

腹有诗书气自华，最是书香能致远。2023年11月，由霞浦县教育局主办的"书香满校园，诗意润童心"暨"诗歌进校园"现场会在牙城中心小学开幕。与会者感受到了"诗歌进校园"所营造的文化内涵与艺术气息，也领略到了诗意校园、诗意教育的奇光异彩与独特魅力。当然，更为吴仙云的理念创新与用心用情做教育而心生敬佩。

前不久，应邀在福建省福安市参加宁德市陶行知研究会换届大会，在换届大会上，吴仙云当选为宁德市陶行知研究会常务副会长。

由福安再次来到霞浦，在霞浦新建的滨海小学学术报告厅为霞浦全县校长及教育局机关与直属单位干部做教育高质量发展报告。利用间隙，我再一次来到牙城中心小学，尽管临近放寒假、天气寒冷，但校园秩序井然，老师们精神振作、激情昂扬，孩子们灵动灿烂、阳光自信，整个校园荡漾着一派欢快与幸福。

我到了吴仙云的办公室，办公室不大，书柜、沙发、办公桌、靠墙地板上，到处都堆满了书。我在想，他办公不是在办公室，而是在书的世界里。我还在想，这些书哪怕不读，置身其中，长期浸染，亦是一种教化，一种改变。

没想到，我出的每本书他都有，而且在上面都做了密密麻麻的勾画与批注。

霞浦教育局局长韩则官，因年龄原因已卸任。我到了霞浦，他特地来宾馆看我，并感谢我当时对吴仙云的举荐。他说："吴仙云没有辜负你的举荐和大家的信任。"

2023 年 9 月杨马杰局长上任。他对我说他去过牙城中心小学调研，他为学校的蓬勃发展感到欣慰。

我们都由衷感叹：校长太重要了。有什么样的校长，就有什么样的学校。有一个好校长，就一定有所好学校！

由吴仙云一路走来，我更感慨：学习与成长，对一个人太重要了！不管是什么条件与起点，只要学习不断、成长不止，走向卓越与幸福，便是早晚的事！

山有青与她的阳光小学

七八年前，在陕西师范大学为青海校长培训班做讲座，互动环节时一个个子不高、比较瘦弱，却有着独特气质的女校长第一个举手。"我叫山有青，大山的山，有没有的有，青山绿水的青，来自西宁市阳光小学。"她自报家门，然后谈了一番学习感悟以及对教育的理解。

讲座结束后，山有青校长来到讲台，给我介绍了她所在学校的情况，并邀请我方便时到她的学校看看，给予一些指导。后来虽一直没有找到成行的机会，但是我们通过电话及微信随时在联系，也时常为怎样办学、怎样做教育而交流探讨。她还多次参加我组织的活动。前年我在湖南江华瑶族自治县召开年会，正处于五一收假的节点上。她从西宁飞重庆，再转飞桂林，然后坐大巴，前后周折了70多个小时才赶到江华，并在论坛上做了精彩分享。后来，她参加了福建霞浦理事会，并受西宁市城中区教育局徐局长委托，在理事会上，一人与贵州黔西市参会团队（其中包括贵州黔西市教育局总督学侯泽俊，贵州毕节市第二高级中学党委书记、黔西市教育局前任局长蒋刘恩，贵州黔西市第一中学校长雷飞颖，贵州黔西市第一实验小学校长朱才利）PK今年年会承办地。她的干练机智、沉着应对赢得了与会者的赞叹。

为最终敲定今年年会承办地，我与秘书处的张平、谢建平，前几天走进青海西宁，来到她的学校——西宁市阳光小学。这是一所生长在乡村的城市学校。

一所生长在乡村的城市学校

阳光小学位于西宁市城中区总寨镇，十多年前这里是真正意义的乡村，更是不毛之地。山有青被安排筹建这所学校，当时遇到了很多困难。但是在她的协调、周旋与督促下，大大缩短了工期。2013年，阳光小学正式投入使用。作为当地唯一一所农村寄宿制学校，在管理上无先例可循、没有经验可借鉴，一切得从零开始。

山有青把问题当作课题、把开局变成破局，带领一班人到省内外考察学习、跟岗取经，并结合自身实际，摸索出了一套符合本校特色的寄宿制学校管理策略。

一方面丰盈校园文化。乡村校园怎样成为孩子快乐的学园、精神的家园、心灵的栖息地？山校长认为，不二的选择肯定是文化。于是她坚持以文化立校，把文化作为提升乡村学校品质的切入点，带领师生一起用心、用情、用智，创设校园文化。

我们漫步校园，尽管处于高原地带，绿树难以成荫，但老师们栽植的一株株树苍翠挺拔、郁郁葱葱，播种的格桑花竞相绽放；植下的草坪如绿油油的毛毡，分外养眼。加之点缀其间的睡莲池、读书亭、文化长廊、林荫小道，让校园环境文化优雅亮丽。

在教学楼、综合楼、功能楼，每一面墙壁，每一个楼道，每一间教室，都是用师生的漫塑、剪纸、书法、黏土画作品装点装饰，让每一面墙壁都说话，让校园时时处处、方方面面都是最好的教育。

我们来到学生寝室，窗明几净，一尘不染，孩子们的被子叠得方方正正，生活用品有序摆放，浓郁的寝室文化让我们赞叹不已。

另一方面丰富社团活动。学校建立了社团活动超市，其内容涵盖艺术、科技、体育、人文四大类，包括舞狮、跳绳、足球、篮球、合唱、器乐、舞蹈、趣味编程、机器人、魔方、剪纸、漫塑、黑白装饰画、油画、象棋、书法、经典诵读、毛线编织等 48 个社团。孩子们根据自己的兴趣爱好，自由选择参加。每天下午，采取"走班活动"方式，孩子们都参与到他们喜欢的社团中，全身心投入，尽情徜徉，其乐融融，校园荡漾着一派生机与活力。丰富多彩而又可以选择的社团活动，充分尊重孩子个性、给予孩子更大的自主空间，激发了孩子学习兴趣，让每个孩子都阳光自信、抬得起头，都爱上了学校与学习。

山有青校长告诉我们，建校十多年，学校没有一个厌学、逃学的学生，没有出现一个心理有问题的学生，更没有跳楼的学生。相反，曾有一个先天发育不足、患自闭症的孩子，通过社团活动的参与，开启了心智，点燃了梦想，变得活泼开朗、充满自信。对于孩子的变化，连孩子的父母都难以置信。

山校长还对我们说，"双减"下，学校没有课后服务，下午按时放学，给学生更多的闲暇和玩耍时间，把真正的快乐和童年还给孩子。她对把孩子一天十多个小时放在学校里的做法一直持保留看法。她有一句很经典的话：一个孩子如果剩下的只有分数，这既是这个孩子的悲催，也是整个教育的悲哀！

山校长还告诉我们，学校丰富的社团活动、充实的校园生活，让教育真正回归到了校园。这些年，没有一个家长送孩子去校外培训机构参加艺体与学科培训。这在其他任何地方都是很难做到的。这让我们很是吃惊！

除此之外，学校还着力研发特色课程。山有青校长明白，没有个性化课程，就没有学生的个性化发展；没有特色课程，就没有学校的特色发展。学校通过构建各种特色课程，让孩子的个性在得到彰显与迸发的同时，也支撑起了学校鲜明的特色发展。

特色体育课程。除了上好体育课，学生每天上午体能跑步、下午技能体育训练各 30 分钟。师生参与的全员运动会由过去的每一学期一次改为现在的每个月召开一次，师生的压抑与不良情绪也因此得以完全释放。

特色劳动实践课程。学校在校园中开辟出空地建成劳动实践基地，划块到班，分班劳作。孩子们亲自种植、亲自管理，体验到了耕地、播种、浇水、施肥和收获的喜悦，也收获到了在书本上得不到的知识和技能。

特色研学课程。学校组织学生走向大自然、走进田间地头、走进工厂企业、走访社区街道，去亲近大自然、了解社会、充实课余生活。

特色品德课程。学校对学生的品德教育，不是生硬、空洞的说教，而是让学生置身于各种场景，帮助孩子们习得良好品德和习惯。学校每一个楼层都有饮水机，让孩子在用水中懂得节约用水的道理。学生使用的卫生间，都放有厕纸，这是我在全国很少见到的给学生提供厕纸的学校。山校长说："提供厕纸既能帮助学生养成讲卫生的习惯，又能使学生学会节约用纸，让学生认识到对环境、对地球的保护就应该从节约每一张纸做起。"

特色阅读课程。学校除了推进阅读活动的常规开展、帮助孩子养成积极的阅读习惯，山校长还通过校园广播，坚持每天给学生讲诗词，以此铸就诗意学校、阅读校园。

正是通过文化创建、活动引领、课程架构，阳光小学实现了教育与社会的对接、育分与育人的共融，在千余孩子的心田播撒了美好，让近百名教师找到了价值认同，让一所乡村学校蓬勃生长，成为一所比城市学校还优质、更受欢迎的学校。

▎孩子们有个"校长妈妈"

西宁市城中区教育局党组书记、局长徐书林，是一位很有教育思想与情怀的 80 后优秀女教育局局长，她和我们谈到今年西宁市教师节庆祝时的情形。

今年采取讲故事的形式，由老师讲自己的故事、讲校长的故事。她说阳光小学的老师所讲的《孩子们有个"校长妈妈"》的故事，让在场的每个人都为之动容。

山有青校长扎根乡村学校十多年，每天早上，她都会站在校门口迎接学生的到来，开启崭新而五彩的一天；傍晚，她会站在校门口目送每位学生的远去，直到在视线中消失……对于午餐，只要她在校，都要陪着学生一起用餐，谈一谈人生理想，抑或分享一些小秘密；对于住校生，到了晚上，她还会去宿舍里嘘寒问暖，盖盖被子，直到孩子们睡着了，才匆匆踏上回家的路。

她被学生亲切地称为"山妈妈""校长妈妈"。

我们在阳光小学的一天多时间里，山校长陪我们在校园里转、在操场上看孩子们跑步、在教室里看孩子们学习、在食堂看孩子们用餐，凡是走过、跑过她身边的每个孩子，她都能叫上名字。

副校长王娟对我们说："山校长岂止能叫出每个学生的名字，哪个学生喜欢唱歌，哪个学生爱好画画，哪个学生有什么兴趣爱好，哪个学生身体情况如何，哪个学生家庭是什么状况，她都了如指掌。"山校长爱孩子，把每一个孩子当成自己的孩子。

学校有一名性格内向、考试分数也不理想的学生。她发现这个学生有绘画天赋，便鼓励这个学生，并安排美术老师对他进行兴趣培养、个别辅导。这个孩子逐渐有了信心，后来在绘画上取得了可喜的成绩。在年度庆典上，学校还为他举办了画展。在阳光小学清河教学点，山校长得知一个学生身体不太好，小时候生过一场大病，便与班主任一道为这个学生精心制定了身体恢复与学习提升方案。

山校长深知，孩子的成长，学校教育固然重要，但更离不开家庭教育，她特别重视家庭教育。这些年，学校培养了 8 位国家级家庭教育指导师，也包括她本人。学校通过推微课、开办家长学校、召开家长会，达成对孩子教育的共识，让家长拥有了教育孩子的本领，增进了家长对学校、对老师的信任与理解。十多年来没有一个家长找校长、老师的麻烦。

特别是学校每学期都要召开的三次家长会，不像其他学校把家长会开成了分数公布会、调皮学生告状会等；而是展示每一个孩子的成长与进步，给每一个孩子以出彩的机会，让家长看到孩子的变化。

山校长更知乡村孩子的不易，她对乡村孩子有着一份特殊的情感。

学校虽然处于农村地带，但是随着城市化的进程，也渐渐地融入了城市。学校周边修起了很多高楼，老板们也以学区房进行炒作。加之学校影响越来越大，一些城市家长也想尽一切办法把孩子送到阳光小学来。但山校长一律拒绝，坚持一个不收，只招收周边的农村孩子。

前不久，山有青校长入围"马云乡村校长计划"，她准备把奖励她的 10 万元全部作为阳光小学这些乡村孩子的奖学金。

▎不只是温情以待

山校长对待孩子像慈祥的母亲，始终充满着爱意与温情。对待老师又如知心朋友，哪个老师有什么困惑，她循循善诱、加以开导；遇到了什么困难，她都想尽一切办法，加以解决。但是在工作上，她要求特别严格，也特别严厉。

就在我们去的前几天，她听一个年轻老师的语文课，感觉这个老师没有认真备课，对文本的理解与解读很不够，于是叫这个年轻老师下班后到她的办公室把课文朗诵十遍。年轻老师在声情并茂朗诵十遍课文后，对文本有了深刻的理解，对自己备课的粗疏也倍感自责。他诚恳地向山校长认错，表示今后一定要深钻教材、认真备课。

我们当天下午看完学校，在学校附近宾馆稍做休息，傍晚时回学校食堂吃"寸寸面"（一种西宁地方小吃，面被切成寸长细条）。进入校园，只听见山校长在那里板着面孔，大声训人。原来是学校正在施工，因为地面上的施工建设土渣没有清理干净，会影响孩子第二天正常的校园学习生活，山校长对相关责任人提出了严厉批评。我很欣赏山校长这种工作作风，该和煦时和煦，该严厉时严厉。

山校长不仅对下属要求严格，对于不称职的家长，她同样毫不留情。

学校有一个孩子一段时间精神不振、愁眉苦脸，学习下滑很大。山校长利用周末登门家访，了解到孩子两岁失去母亲，父亲又天天不是忙于生意就是在外面喝酒，根本不管孩子，孩子既失去了母爱，又没有享受到父爱。山校长对着孩子的父亲就是一通大骂："孩子投胎到你家，真是倒八辈子霉！你如果再不改，孩子就不是你的孩子，你有什么资格做父亲！"一向很牛的父亲，竟乖乖地低下头，向山校长保证，今后一定照顾好孩子。

这就是这几天我们所感受到的一个鲜活而真实的山校长，一个美丽而富有内涵的农村学校。这样的校长多了，好学校就多了，好的教育也就有了！

后记

《教育的本来与未来》，这是我在长江文艺出版社推出的第八本书。

长江文艺出版社在 2017 年出版了我的第一本书《致教育》之后，我便有了每年在该社出一本书的想法，但是写什么，不知道，能不能坚持下去，自己压根儿也没有底气。但是最终愿望成真，想法变成了现实。

这些年，我不仅坚持到了，做到了，而且值得欣慰的是，每一本新书都得到了广大读者朋友的青睐与认可，都被《中国教育报》评为当年"教师喜爱的 100 本书"。

此时，外面天气正热。翻阅着一本本长江文艺出版社出版的我的书——《致教育》《教育可以更美好》《教育的第三只眼》《修炼校长力》《教育是美好的修行》《面向"双减"的教育》《行走中的教育》，却情不自已，感慨万千，格外惬意。

我曾经看过一句很治愈的话：渔夫出海前并不知道鱼在哪儿，但依然选择出海，是因为相信会满载而归。很多时候选择了才有机会，相信了才有可能。

我也像那出海的渔夫，虽然不知道鱼在哪儿，但是相信会满载而归。相信自己的选择，相信自己的想法，相信自己的行动，相信自己的相信。我相信有梦想就有希望，有付出就有收获，有相信就有可能，有坚持必有奇迹。

其实，我的这一想法，我的不断坚持，不是为了感动谁，也不是为了证明给谁看，更不是为了什么名和利，而是想通过不停地写作，倒逼自己不停地阅读，不停地思考，不停地行走，想通过自己拙劣的文字，一些吉光片羽式的记录，实现自我对自我的倾诉、自我对自我的审视、自我对自我的教化、自我对自我的救赎，以至于达成自我对自我的战胜、自我对自我的超越。

因为我知道，人生的价值与意义，在于做自己喜欢的事；因为我明白，一个人最好的活法与支撑，是徜徉在自己的精神世界里；因为我清楚，对情怀的生动诠释与演绎，莫过于昂扬向上的成长；因为我懂得，一路奔跑，远胜于原地踏步；因为我深谙，写作能让人穿上宁静的盛装，进入沉静之境，挺拔并依偎于自己心灵的天地。

在新书即将付梓之际，我要致敬长江文艺出版社，致敬长江文艺出版社尹志勇社长，特别要致敬我书的责任编辑秦文苑女士，是她的不断给"任务"、提要求，不断的信任与支持，不断的打气与鼓励，不断的对文字进行润泽与打磨，催生了我写作的热情与连绵不断的感悟，让我对教育写作欲罢不能，有了永恒的期望与坚持。

我要致敬从启蒙以来，相遇的一个个恩师，特别要致敬引领我进入教育学界及陶研界的朱永新先生、周洪宇先生、顾久先生、孟凡杰先生以及已故的朱小蔓女士、陶西平先生等，是他们为我树立了做人的标杆、榜样的力量、精神的引领、学术的示范，让我从此有了属于自己的扎根于大地的教育人生。

我要致敬一路走来带给我工作启迪、生活启迪、人生启迪、教育启迪的所有亲人、同仁与朋友，特别要致敬我在学陶、师陶、践陶路上相遇的具有相同尺码的陶友，同他们的相逢、相识、相知，让我的人生下半场有了美好的意蕴和不一样的精彩。

当然，我也不要忘了致敬我自己，特别要致敬我坚守淡定，淡泊所有，追求特立独行的别样风景，以及永远与青春岁月同在的人生境界和状态。

俞敏洪先生的人生三幸事：有事做、有人爱、有期待。写下这些，我又期待着给自己在长江文艺出版社的第九本书写后记……

汤勇

2024 年 9 月 10 日教师节于古城阆苑